Reimer Gronemeyer

Tugend

W0194749

Reimer Gronemeyer

Tugend

**Über das,
was uns Halt gibt**

Edition
Körber

Bibliografische Information der Deutschen Nationalbibliothek

Die Deutsche Nationalbibliothek verzeichnet diese Publikation
in der Deutschen Nationalbibliografie; detaillierte bibliografische
Daten sind im Internet über http://dnb.d-nb.de abrufbar.

Umschlag: Groothuis. www.groothuis.de
Covergestaltung und Illustration: Ralf Nietmann |
www.ralfnietmann.de
Der Autor wird vertreten von Aenne Glienke / Agentur für
Autoren und Verlage
Herstellung: Das Herstellungsbüro, Hamburg |
buch-herstellungsbuero.de
Druck und Bindung: CPI – Clausen & Bosse, Leck
Printed in Germany

ISBN 978-3-89684-269-5

www.edition-koerber.de

Für Andreas Heller

Seltsam, alles, was sich bezog,
so lose im Raum flattern zu sehen.

Rainer Maria Rilke.
Duineser Elegien 1

Inhalt

Die Tugenden: ein erledigter Fall?

Ich weiß wohl, wie widersprüchlich man sein muss,
um wirklich konsequent zu sein.
Pier Paolo Pasolini

Was hält unsere Gesellschaft zusammen? Das Geld, sagt einer. Ja, die Gier, Konkurrenz und Neid, bekräftigt ein anderer. Nichts, sagt die Dritte. Es gibt keine Nachbarschaft mehr, beklagen die einen. Die Familien zerfallen, klagen die anderen. Sind tatsächlich nur noch Gier, Konkurrenz und Neid geblieben? Könnte ein solch erbärmlicher Klebstoff eine Gesellschaft retten? Oder ist es die Angst, die dafür sorgt, dass der Laden nicht auseinanderfliegt? Die Angst vor den Fremden, die ins Land drängen? Die Furcht vor dem wirtschaftlichen Abstieg angesichts chinesischer Übermacht, die sich wie eine Gewitterfront über uns ballt? Oder drängt sich der Schrecken über den Sturm des Fortschritts, der alles Heimatliche und Gewordene hinwegfegt, in den Vordergrund? All dies hinterlässt Gefühle der Verlassenheit und Schutzlosigkeit. Geld und Angst schmieden vielleicht eine Notgemeinschaft, aber eine freie, schützende und wärmende Gesellschaft kommt so nicht zustande.

Sokrates ist gerade zum Tode verurteilt worden. Er wird den Schierlingsbecher trinken und sterben. Nach dem Urteil wendet er sich an seine Richter. Und formuliert eine überraschende Aufforderung. »An meinen Söhnen, wenn sie erwachsen sind, nehmt eure Rache, ihr Männer, und quält sie ebenso, wie ich euch gequält habe, wenn ihr denkt, dass sie sich um Reichtum oder um sonst irgendetwas mehr bemühen als um die Tugend. Oder wenn sie so auftreten, als wären sie etwas, tatsächlich aber nichts sind. Dann weist sie zurecht, wie ich euch zurechtgewiesen habe.«[1] Ein verzweifelter Appell des Sokrates an seine korrupten Richter, die mit ihrem Todesurteil gerade bewiesen haben, dass sie der Tugend den Garaus machen wollen. Sie setzt er ein als die Tugendwächter für seine Söhne. In dem Augenblick, in dem sein Tod besiegelt ist, bettelt er nicht um Gnade. Er wird auch die Fluchtmöglichkeit, die seine Schüler und Anhänger vorbereiten, nicht nutzen. Denn die *arete,* die Tugend, ist es, die Gemeinschaft möglich macht. Die Tugend ist die Voraussetzung für den Zusammenhalt in der *polis,* der Stadt. Und um diese Tugend, die Gemeinschaft erst möglich macht, ringt Sokrates. Unter der Überschrift: Tod oder Tugend. Lieber den Tod als den Verlust der Tugend.

Und wie steht es heute um die Tugenden? Wie steht es um all die hervorragenden Eigenschaften des Menschen, seine vorbildliche Haltung, die erstrebenswerten wertvollen Fähigkeiten zum Handeln, die ein Leben glücken und Gemeinschaften erblühen lassen? Von den Kardinalstugenden über die himmlischen oder die christlichen Tugenden, die Tugenden der Ritter oder der Soldaten, der Bürger oder eben jene Mischung, die es bis in unsere Zeit geschafft hat?

Es sieht so aus, als seien die alten Tugenden dem Untergang geweiht, denn sie passen nicht mehr in eine Zukunft, die von Computeralgorithmen und Biowissenschaften geprägt sein wird. Diese Zukunft – so scheint es – wird einen neuen Menschen hervorbringen, der dem aus der Mode gekommenen Humanismus Adieu sagt. Aber sind nicht gerade die Tugenden das Einzige, was uns darin bestärkt, der Herrschaft von Geld und Angst zu widersprechen? Sind sie nicht unsere uralten moralischen Faustkeile gegen den Machbarkeitswahn? Ich muss an ›Ötzi‹ denken. Dieses mit Fellen bekleidete Skelett, das von Spaziergängern in den Alpen, auf dem Tisenjoch, in mehr als 3000 Metern Höhe gefunden wurde. Er hatte einen Dolch bei sich, zwei abgebrochene Pfeilspitzen, einen Klingenkratzer und einen Bohrer. Auch ein Geweihzapfen in einem Lindenast fand sich, mit dem man Klingen und Spitzen schärfen konnte. Vor 5300 Jahren ist er in dieser alpinen Einsamkeit und Kälte unterwegs gewesen. Die meisten seiner Werkzeuge waren so stark abgenutzt und immer wieder nachgeschärft, dass sie schon den letzten Verwendungsgrad erreicht hatten. Hier war, so scheint es, ein sozial Isolierter, ein Getriebener, vermutlich ein Ausgestoßener, auf der Flucht, bis ihn schließlich ein Pfeil in den Rücken traf.[2] Vielleicht können wir uns Ötzi als ein warnendes Beispiel dafür vorstellen, was passiert, wenn die Gemeinschaft zerbricht? Sind auch wir auf der Flucht, in der Tasche die abgenutzten, kaum noch funktionsfähigen Werkzeuge, alleingelassen auf dem Weg in eine unbekannte Zukunft, während uns die Verfolger, die Feinde, auf den Fersen sind?

Wir verlassen das Zeitalter des stabilen Wohlstandsstaates, steigen gewissermaßen in gefährliches alpines Gelände, die globalen Konkurrenten hinter uns. Sollten wir, um zu überleben, die hinderlichen Tugenden als unnötigen Ballast abwerfen? Können wir uns die alten Tugenden noch leisten, wenn die Welt einem einzigen ökonomischen Schlachtfeld gleichen wird, in dem sich nur die Allerstärksten durchsetzen und überleben werden? Man könnte sagen: Wir in Europa haben in den letzten Jahrhunderten ein Leben gelebt, das sich auf fossile Brennstoffe stützt. Unsere Autos, unser Brot – ohne fossile Brennstoffe nicht möglich. Kein Getreide ohne Düngemittel, die nicht ohne Erdöl zu haben sind. Das sind unsere Feuersteine, Faustkeile, Pfeilspitzen. Während die Industriegesellschaft materiell auf dem fossilen Brennstoff ruhte, wurde sie moralisch von den christlich-antiken Tugenden befeuert, die eine disziplinierte Arbeitsgesellschaft hervorbrachte. Zwei Ressourcen also – das Öl und die Tugenden –, die sich nun erschöpfen. Vor uns die vielen Krisen, vom globalen Klimawandel bis zur weltweit anschwellenden Migration. Vor uns dramatische Umbrüche: Künstliche Intelligenz und Automatisierung, Algorithmisierung des Alltags und Menschenverbesserung. Auf dem Programm steht die Optimierung des *Homo sapiens* zum Einzelkämpfer mit perfektionierter DNA. Eingehüllt in eine digitale Schutzweste, wird wohl nur noch seine Seele durch Softwareprogramme abgelöst werden müssen.

Was da jetzt designt wird, ist eine neue Kreatur, die die Koalition zwischen Industriegesellschaft und alten Tugenden überwunden haben wird. Nicht, dass diese Koalition immer gut funktioniert hätte. Oft genug blieben die Tugenden nur das Feigenblatt: Aber der *Homo sapiens* steht ohne seine alte Moral gewissermaßen nackt da. Die Herausforderungen, so muss er sich eingestehen, die durch Klimawandel, Artensterben, Überbevölkerung und Migration auf ihn zukommen, lassen sich tugendhaft allein wohl kaum bewältigen: Dazu wird ein Systemmanagement gebraucht, das rechnet und nicht wertet, das optimiert und nicht zweifelt.

Der *Homo sapiens* geht unweigerlich seiner Optimierung entgegen. Soll man ihn Cyborg nennen? Wenn wir – was jetzt in den Bereich des Möglichen rückt – unsere DNA, unser Hormonsystem oder unsere Gehirnstruktur nur ein wenig verändern, dann entsteht ein neues Wesen. Und die Bioingenieure, die sich den alten Körper vornehmen, seinen Gencode umschreiben, seine Gehirnströme neu ausrichten und sein biochemisches Gleichgewicht verändern, werden dadurch – so schreibt Yuval Noah Harari – neue kleine Götter, die den *Homo sapiens* zur überholten Figur machen. Erinnern wir uns an Lucy, deren Knochen im afrikanischen Graben gefunden wurden. Sie lebte vor 3,2 Millionen Jahren. *Homo erectus.* Lucy ging aufrecht. Der Übergang aber zum *Homo sapiens* war ein tiefer Bruch. Ebenso wird der Übergang vom *Homo sapiens* zum Cyborg einen tiefen Bruch bedeuten. Es versteht sich fast von selbst, dass dieser *Homo cyborgensis* sich weder auf die altmodischen und erschöpften fossilen Ressourcen noch auf die ebenso altmodischen und erschöpften moralischen Ressourcen beziehen wird. Er wird sich nicht einmal an sie erinnern.[3]

Angesichts dieser Entwicklungen kann das Thema »Tugend« eigentlich nur wie ein Kostüm aus der Mottenkiste wirken, mit dem ein abgehalfterter Showmaster auftritt. Sind die Tugenden also aus der Realität längst herausgeschnitten, ganz so wie man ja DNA-Abschnitte herausschneiden kann? Wird sich die Jugend lediglich amüsieren, wenn ihnen jemand von »Tugenden« redet? Die Fragen lassen an den Philosophen Ludwig Wittgenstein denken, der gesagt hat: »Die Bedeutung eines Begriffs ergibt sich aus seinem Gebrauch.«[4] Ist folglich schon die Rede von Tugend an sich lächerlich? Und ist der Begriff, der an deren Stelle den herrschenden Realitäten Raum verschafft, nicht eigentlich der Begriff »Leistung«? Streichen wir also die *Tugend* und reden zeitgemäß von *Leistung*: »Hole alles aus dir heraus! Entfessle deine Ressourcen! Optimiere dich!« Achtung, waren die antiken Tugenden nicht genau so gemeint? *Arete,* das griechische Wort für Tugend, hat mit dem *agathon,* dem Guten, zu tun. Gut laufen können (wie bei den Festspielen in Olympia), gut mit einer Situation fertigwerden können, eine Kunst gut beherrschen: Das ist Tugend. Der Begriff war gar nicht moralisch aufgeladen, sondern fast könnte man sagen: Sportlich war er gemeint. Der Wettstreit, in dem das Gute in uns *(agathon)* zur Höchstform aufläuft. Zum Besten *(aristos),* zum Aristokraten, lässt uns dieser Wettlauf werden. So könnte man die klassische Tugend also doch mit Leistung gleichsetzen? Ist unsere Leistungsgesellschaft also die wahre Tugendgesellschaft? Nein, so ist es nicht.[5] Weil sich die *arete,* die Tugend, und mit ihr der Wettkampf um das Gute einzig auf die *polis,* das Gemeinwohl, bezieht. *Arete* hält die Gesellschaft zusammen, während die Leistung in der Leistungsgesellschaft nur eine Richtung kennt: mich. Die *arete* war der gesellschaftliche Klebstoff, während die zeitgenössische Leistung die Gesellschaft in Egoismen aufspaltet.

Die vier alten Tugenden Tapferkeit, Klugheit, Gerechtigkeit, Mäßigung ragen aus der Antike in unsere Zeit. Die Dreiheit aus Glaube, Liebe, Hoffnung war lange die gültige christliche Ergänzung der griechisch-römischen Tugenden. So wurden es sieben Tugenden. Diese Klassiker wurden in der Industriegesellschaft noch durch Fleiß, Gehorsam und Sparsamkeit ergänzt: Kommt uns dieses Werte-Ensemble heute nicht wie eine Dampflokomotive vor, die auf ein ICE-Gleis geraten ist? Unzeitgemäß.

Die besagten Tugenden und Werte[6] konnten in einem Milieu gedeihen, das gegenwärtig zerfällt: Familie, Nachbarschaft, Kommune, Vereine, Kirchen. Jenes Milieu bot den gesellschaftlichen Zusammenhang, es stellte sozusagen die Bausteine. Was aber wird die postindustrielle, die zugleich eine postmoralische Gesellschaft sein wird, zusammenhalten? Braucht sie vielleicht gar nichts außer Systemimperativen? Nur noch Menschen, die sich selbst vermessen und optimieren? Aus der Unternehmensberatung wird von einem neuen »Werkzeug« berichtet, das Personalentscheidungen auf eine sichere Basis stellen soll: Das Tool »Precire« analysiert Sprachproben eines Menschen. Aus wenigen Sprachmustern kann dann abgeleitet werden, wie neugierig, risikofreudig, leistungsbereit oder emotional stabil jemand ist. Ein Tugendmessgerät als digitaler Personalberater, der erkennt, wer auf welchem Arbeitsplatz exzellente Leistungen bringen wird. (Precire Technologies ist ein in der Sprachanalysetechnologie führender Softwareentwickler aus Aachen.) Beinahe alles, was der Mensch tut, kann inzwischen digital vermessen werden. Das Privatleben wird digital durchdrungen und betriebswirtschaftlich skaliert – irgendwelcher traditioneller Werte, Tugenden gar, bedarf es nicht mehr.

Der Abschied scheint endgültig: Der Zug verlässt gerade jetzt jenen Bahnhof, der nach der alten Industriegesellschaft und ihrer Moral benannt war, um uns in die neue Welt der Biowissenschaften, des Systemmanagements und der computergestützten Algorithmen zu bringen. Wer nicht rechtzeitig einsteigt, bleibt zurück: abgehängt und verloren. Postmoralische ›alternative‹ Energien sorgen jetzt für Beschleunigung: Konkurrenz und Optimierung heißen die neuen Tugenden, die man eigentlich so nicht mehr nennen kann. Kann das gut gehen? Mancher denkt vielleicht, da ließe sich etwas aufspalten: Die guten alten Tugenden vom Fleiß bis zur Liebe für den Hausgebrauch. Privatisierung der Moral gewissermaßen, damit die Menschen etwas haben, woran sie sich halten können. Aber für die großen öffentlichen, politischen, ökologischen und ökonomischen Themen verlässt man sich lieber auf den Rechner, der optimierte Lösungen vorschlägt.

Aber was soll die gewissenlose Gier begrenzen, die jetzt schon fast unerträglich die Welt in wenige Reiche und immer mehr Arme aufspaltet? Was soll uns daran hindern, menschliche Wesen zu entwickeln, die ob ihrer physischen oder psychischen Superkompetenzen einen neuen Rassismus gebären? Was schützt uns davor, die

Kontrolle über jene zu verlieren, die mit ihrer Herrschaft über unendliche Datenmengen Entscheidungen beeinflussen können, die den Staat zu einer überholten Angelegenheit werden lassen?

Man muss den gordischen Knoten durchschlagen. Es ist ganz einfach: Der Mensch kann nicht von Apps leben. Kann nicht als Systempartikel existieren. Er verdorrt ohne Liebe. Er erfriert ohne menschliche Wärme. Er wird verrückt ohne Sinnerfahrung. Manch einer wird entgegnen: Das sind alles alte Kamellen. Der neue Megatrend ist der verbesserte Mensch, der das nicht braucht. Alles, was Religion und Philosophie bisher gesagt haben, gehört auf den Müllhaufen der Geschichte. So formuliert es explizit Stephen Hawking, der 2018 verstorbene Astrophysiker. Wir können – so Hawking – zwar noch nicht alles berechnen, aber das sei eine Frage der Zeit. Das Verfallsdatum von Tugenden und Werten, so muss man folgern, ist überschritten. Weg damit.

Auch wenn Tugenden und Werte nicht mehr durch Erziehung und Kultur wie selbstverständlich verankert sind, führen sie doch ein fast verstecktes Eigenleben in kulturellen Nischen, in denen sich Optimierungsimperative und betriebswirtschaftliche Kolonisierung noch nicht durchgesetzt haben. Was wir brauchen, ist eine Neuschöpfung, *creatio ex nihilo*: Schöpfung aus dem Nichts. Wie können die gesprungenen Glocken der Tugenden wieder zum Tönen gebracht werden? Nur archaische, ursprüngliche Bilder fallen dazu ein. Vermutlich verweist das Wort *anthropos* auf anthrax – die glühende Kohle. Als eine solche glühend-glimmende Kohle muss der Mensch gesehen werden, dessen Glut ein Feuer zu entfachen vermag, erinnert er sich an seine Fähigkeit zur Liebe. Erich Fromm hat es unvergesslich so formuliert:

»Wir müssen in der Tat zum Bewusstsein unserer selbst gelangen, um das Gute wählen zu können, aber diese Selbsterkenntnis wird uns nicht weiterhelfen, wenn wir die Fähigkeit eingebüßt haben, innerlich angerührt zu werden von der Not eines anderen menschlichen Wesens, vom freundlichen Blick eines anderen, vom Gesang eines Vogels und dem frischen Grün des Grases. Wenn der Mensch dem Leben gegenüber gleichgültig wird, besteht keine Hoffnung mehr, dass er das Gute wählen kann. Dann ist sein Herz in der Tat so verhärtet, dass sein ›Leben‹ zu Ende ist.«[7]

Das verheißungsvolle Bild der glühenden Kohle mag auch für die alten Tugenden gelten. Wir werden sie nicht einfach auf die neuen Herausforderungen anwenden können. Aber wenn es gelingt, die Glut zu entfachen, lodern im hellen Feuer die neuen Tugenden auf.

Dazu bedarf es der Übung. Das alte griechische Wort für Übung ist *askesis*. Begreifen wir sie als die Einübung in die neuen Tugenden, als Einübung auch in die rettende Freundschaft. Die Freundschaft wendet – wie Ivan Illich sagt – der Instrumentalität den Rücken zu und lebt aus der »Umsonstigkeit«. Das heißt: aus der Freude an dem anderen. Aus dem Verzeihen. Aus dem Respekt vor dem anderen. Aus dem Geschenk. Und dann beginnen sie wieder zu leuchten wie die Kohlen im Feuer, die alten Tugenden: der Glaube, die Liebe, die Hoffnung. Der Glaube, zum Beispiel, dass der Mensch nicht als optimierbares System gedacht ist. Die Liebe, die sich nicht verrechnen lassen will. Die Hoffnung, dass Geld und Gier nicht das letzte Wort haben.

Dieses Buch will sich auf die Suche nach den neuen Tugenden machen, die imstande sein müssen, drohender Verwüstung mit *Liebe* zu begegnen. Tugenden, die mit *kluger* Selbstbegrenzung auf die entfesselte Konsumgesellschaft reagieren. Die der Egomanie *tapfer* das Du entgegensetzen, um den anderen nicht aus dem Auge zu verlieren. Die gegen alle Trends eine *gerechte* Lebenswelt einfordern. So wachsen in Anknüpfung an die alten christlichen Tugenden die neuen, die gebraucht werden, auf dem Boden der freundschaftlichen Begegnung zwischen Menschen. Sie leben aus dem *Glauben* an die Kraft des *hoffenden* Menschen. Und diese Tugenden sind so alt und so neu wie die Liebe und so uneingelöst wie die Sehnsucht der Menschen nach Wärme.

Wie gefährdet ist die Gemeinschaft?

Im Spiralflug, wendend, kreisend, weitend
Hört der Greif den Ruf des Falkners nicht,
Zerfall ringsum, das Zentrum hält nicht stand!
Die Anarchie ist losgelassen in die Welt;
Blutrot schwappt frei die Flut und ringsumher
Wird's Ritual der Unschuld nun ersäuft;
Die Besten ohne Kraft, die Schlechtesten
von leidenschaftlicher Besessenheit.
W.B. YEATS: THE SECOND COMING

Gewachsene Gemeinschaft schwindet. Die Planung gesellschaftlichen Zusammenhangs gerät in die Hände von Kohäsionsmanagern.

Das Individuum soll nicht mehr von Werten, sondern von Algorithmen gesteuert werden.

Die Gesellschaft droht im Auseinanderklaffen von Arm und Reich zu zerreißen. Das Alte zerbricht. Ist Neues möglich?

Die alten Tugenden im Wildwasser der Flexibilisierung

Die harten Tugenden. Die guten alten harten Tugenden. Wie ein Fels in der Brandung. Wie hießen sie noch gleich? Sie dröhnen wie antike Donnerschläge: Gerechtigkeit! Tapferkeit! Mäßigung! Klugheit! Die Gerechtigkeit in der Robe? Die Tapferkeit in der Uniform? Die Mäßigung in der Kutte? Die Klugheit im Professorentalar? Da denkt man sich Staubwedel herbei, um die längst zerschlissenen Gewänder von Spinnweben zu befreien. Altmodisches Zeug. Und die drei christlichen Tugenden? Glockenschläge ... Glaube! Liebe! Hoffnung! Irgendwie die soften Tugenden oder Worte aus einer mütterlichen Gardinenpredigt?

Ist da noch was zu retten? Die sieben Tugenden, dieses körperlose Resümee aus der Kulturgeschichte des Abendlands: Ist das mehr als eine Art Weltkulturerbe, das man anschauen kann wie den schiefen Turm von Pisa? Aber ein Kulturerbe eben, das so leer ist, wie Kirchen heute nun einmal sind. Gehören die Tugenden in einen Glaskasten, der im Museum der moralischen Anschauungen aufgestellt wird? Gut beleuchtet, schön, aber im Alltag ebenso wenig brauchbar wie ein tönernes Gefäß aus der Bronzezeit, das im Museum bewahrt wird.

Zwei Phänomene lassen die Tugenden richtig alt aussehen: Erstens: In den vergangenen 27 Jahren nahm die Gesamtmasse der Fluginsekten in Deutschland um 75 Prozent ab. Der Verlust der Insekten wirkt sich kaskadenartig auf andere Lebewesen aus, die ohne Insekten nicht überleben können.[8] Die Folgen treffen auch die Menschen. Das Verschwinden der Insekten ist *ein* Beispiel für unübersehbare und bekannte Krisen, die unsere Existenz heute bedrohen: Klimawandel, Artensterben, Überbevölkerung, Luftverschmutzung, Plastikmüll, nukleare Sprengköpfe, Börsencrash, Welthunger, Terrorismus … Man kann sich die Tugenden zwar wie einen Harnisch um die Brust binden. Aber wie wir das Verschwinden der Bienen überleben wollen – das wissen wir deshalb noch lange nicht.

Wie sollen bitte diese modernen Krisen mit dem alten Instrumentarium ›Tugendkatalog‹ aufgefangen werden? Ein moralischer Vorderlader, eine längst überholte Waffe, die sich Hightech-Konflikten gegenübersieht.

Zweitens: Die Klage über den ›Verlust der Werte‹ ist verbreitet. Sie bringt das Gefühl zum Ausdruck, dass ein Wandel im Gang ist, bei dem die guten alten Zeiten ins Rutschen kommen. Ob die alten Zeiten gut waren, das sei dahingestellt. Aber das Gefühl, das früher da war: Man sei in ethischen Gewohnheiten und Selbstverständlichkeiten sicher aufgehoben, dieses Gefühl haben offenbar viele Menschen nicht mehr. Manche greifen deshalb nach den klassischen Tugenden wie nach einem Rettungsring. Aber es sieht ganz danach aus, als würde sich die Zeit für diese alten Tugenden dem Ende zuneigen.

Denn die Tugenden, die gehören doch in eine feudale, eine autoritäre, ein starre, eine bäuerliche Welt. Ich sehe vor mir den Unternehmerpatriarchen mit erhobenem Zeigefinger; den Kirchenfürsten mit rotem Käppchen und wehenden Gewändern, das Brevier in der Hand; den Familienvater im Lehnstuhl thronend mit dem Rohrstock; den Bauern mit gegerbtem Gesicht und polternder Stimme. Wollte man ein passendes Wort für die Zeit, in der wir heute leben, wählen, dann könnte dieses Wort »Flexibilisierung« heißen. Flexibilisierung überall: Aus der stabilen Ehe wurde ein flexibles Beziehungsgewimmel. Aus dem lebenslangen Beruf ein Job auf Zeit mit flexibilisierter Arbeitszeit, ja der gesamte Lebenslauf geriet in den Sog der Flexibilisierung. So ist es nun: Nur das Individuum, das flexibilisierungsfähig und -willig ist, kann heute in Job und Freizeit auf eine *pole position* im gesellschaftlichen Wettrennen hoffen. Welche Rolle käme hier noch den Tugenden zu? Gleichen sie nicht den Binden und Tüchern, die um eine Mumie gewickelt werden und die sekundenschnell zu Staub zerfallen, holt man sie aus der Grabkammer zurück ans Licht?

So steht es um die Tugenden. Kein Geschäftsmann kann im globalen Wettkampf mit den Tugenden hantieren, er wäre rettungslos verloren. Ein wenig Fair Trade und Fair Play, eine kleine Bio-Branche oder eine Handvoll Sozialunternehmer füllen nur mehr die Nischen. Und nicht einmal mehr unter dem Dach des privaten Familienlebens kann jemand mit den Tugenden punkten. Denn die Kinder müssen doch auf den Konkurrenzkampf vorbereitet werden.

Zur Orientierung bleibt uns außer dem alles auflösenden fluiden Imperativ der »Flexibilisierung« nichts. Wir dürfen uns wie eine kleine gelbe Plastikente fühlen, die auf den Wellen schaukelt, mitgerissen von der Strömung, umgeben von unendlich fernen Horizonten: ungebunden und hilflos zugleich. Alles fließt. Alles ist glitschig, auf nichts kann man sich verlassen. Es gibt Menschen, denen das gefällt. Sie schwimmen im Meer der Flexibilität und wissen daraus ihre Vorteile, ihren Spaß und ihre Befreiungsgefühle zu ziehen. Sie brauchen keine Heimat und keine Bodenhaftung. Es sind doch nur die Ängstlichen, die Starren, die Unbeweglichen, die Traditionalisten, die Panikanfälle bekommen, wenn sie begreifen, dass alles ins Fließen geraten ist.

So besteht die Gefahr, dass die klassischen Tugenden zur Waffe werden, die vor allem von den Ängstlichen, den Verunsicherten, den Traditionalisten genutzt wird. Gern werden die alten Tugenden dabei zu reduzierten Preisen verkauft. Statt auf die klassischen Tugenden bezieht man sich auf die sogenannten Sekundärtugenden. So beschwor der thüringische Landesvorsitzende und

Chef der AfD-Fraktion im Erfurter Landtag, Björn Höcke, 2016 in Schwerin *die preußischen Tugenden*: »Pünktlichkeit, Ordnung, Disziplin und Sauberkeit.«[9] Stehen die Verunsicherten und Abgehängten auf einer schmelzenden Eisscholle, die aus den brüchig gewordenen Tugenden gebildet ist, und schreien um Hilfe? Die alten Werte, die alten Tugenden: Das ist ein Mischmasch aus den klassischen Tugenden und der preußischen Disziplin, und dieser gefrorene Mischmasch bildet die Eisscholle, auf denen sich die Irritierten festkrallen? Gehören also all diese Tugenden den Populisten, den Rechtsradikalen, den Ewiggestrigen?

1968: Die Götterdämmerung der Disziplinargesellschaft, in der autoritäre Väter und dressierende Mütter im Abgrund verschwanden. Sie haben die primären und die sekundären Tugenden mit sich gerissen. Ich erinnere mich an den Enthusiasmus, mit dem die muffigen Wohnzimmer leergeräumt wurden. Tugenden? Sind das nicht die Ladenhüter der bürgerlichen Gesellschaft? Raus damit durch das geöffnete Fenster.

Wir stehen an einem Scheideweg: Wollen wir die flexibilisierte Gesellschaft, die von aller Starrheit befreit in die Zukunft stürmt? Oder wollen wir die Tugendgesellschaft, die sich an den klassischen und den preußischen Tugenden orientiert? Wir haben die Wahl zwischen einer moralisch entkernten Zukunftsgesellschaft, deren erklärte Tugend allein in ihrer Orientierungslosigkeit besteht, und einer Gesellschaft, die auf restaurierten Tugenden ruht und die auf ihre Zukunftsfähigkeit pfeift. Die flexibilisierte Gesellschaft stürzt ihre Mitglieder in dauerhaften Stress, in eine fragwürdige Freiheit und läuft Gefahr, an den eigenen Problemen zugrunde zu gehen. Die traditionalistische Gesellschaft hingegen droht an ihrer Unbeweglichkeit jämmerlich einzugehen. Wie soll das denn gehen? Mit preußischer Ordnung und Disziplin, mit sorgfältig gekämmtem Scheitel, mit penibel getrimmtem Rasen, mit Garage und Familie im Einfamilienhaus in einer Welt überleben, die von Facebook, Twitter und WhatsApp geprägt wird?

Es scheint, diese Wahl führt in zwei wenig attraktive Alternativen. Daraus kann dann wohl nur eine Konsequenz gezogen werden. Wenn wir noch von Tugenden reden wollen, dann müssen sie aus unserer Lebens- und Krisensituation heraus neu entwickelt und auf sie zugeschnitten sein. Und dann kann versucht werden, die neuen Tugenden mit den alten Tugenden in Verbindung zu setzen, um zu sehen, ob und wie sich die neuen Tugenden aus den alten nähren können.

Aber da kommt ein Verdacht auf: Vielleicht sind wir schon an einem ganz anderen Punkt? Haben sich vielleicht die Tugenden in Laster verkehrt und die Laster in Tugenden?

Im Interesse unserer heutigen Konsumgesellschaft ist *temperantia*, Mäßigung, wirklich nicht angebracht.

Zurückhaltung beim Verbrauch gefährdet doch das Wachstum. Und was sollen wir mit *fides*, dem Glauben, in einer Planungsgesellschaft? Gerechtigkeit und Tapferkeit – Fußfesseln auf dem Weg zur Selbstoptimierung. Und in einer Gesellschaft, die auf Konkurrenz eingestimmt ist, bleiben Neid und Gier, die alten Hauptlaster, doch der nötige Antriebsstoff. (Die sieben Laster, wie sie zum Beispiel an einem Fachwerkhaus aus dem 16. Jahrhundert in der Altstadt von Limburg verewigt sind, waren Hochmut, Neid, Unmäßigkeit, Geiz, Wollust, Zorn und Trägheit). Ja, Wollust und Unmäßigkeit passen genau in die Konsumgesellschaft. Dahin streben alle, schenkt man den sozialen Medien, den Werbespots und den Parteiprogrammen Glauben. Mehr! Mehr! Mehr! Keine Selbstbegrenzung, nie und unter keinen Umständen.

Wir müssen weiter zurückgehen, um zu begreifen, wo wir uns heute befinden. Im Jahr 1956 hat der amerikanische Marktforscher Ernest Dichter gesagt: »Wir stehen jetzt vor dem Problem, dem Durchschnittsamerikaner zu erlauben, sich für moralisch zu halten, auch wenn er flirtet, auch wenn er Geld ausgibt, auch wenn er nicht spart, sogar wenn er zwei Urlaubsreisen im Jahr macht und sich einen zweiten und dritten Wagen anschafft. Eines der Grundprobleme dieses Wohlstandes besteht demnach darin, den Leuten die Sanktion und die Rechtfertigung zu geben, den Wohlstand zu genießen, und ihnen darzutun, daß ihre lustvolle Lebensauffassung eine moralische und keine unmoralische ist. Die dem Verbraucher erteilte Genehmigung, sein Leben frei zu genießen, der Nachweis, daß er recht daran tut, sich mit Erzeugnissen zu umgeben, die sein Dasein bereichern und ihm Freude machen, muß ein Hauptthema jeder Werbung und jedes Verkaufsförderungsplanes sein.«[10]

Das ist ein Text, der offen ausspricht, dass aus den alten Lastern Tugenden werden sollen und die Tugenden zu Schwächen herabgewürdigt werden. Ja, kühn und frech zugleich behauptet der Text: Die wahre Moral, die wirkliche Tugend, liegt im möglichst exzessiven Verbrauch. Bescheidenheit, Sparen, Treue sind Barrieren in einer Gesellschaft, die nicht mehr auf den alten Tugenden, sondern auf Verbrauch von Menschen und Dingen angelegt ist. Der *Homo sapiens* wird vom *Homo consumens* abgelöst. Und der lebt mit den Lastern besser als mit den Tugenden.

Das Ergebnis ist ein entfesselter Hedonismus, eingebettet in einen entfesselten Kapitalismus, in die umfassende konsumistische Selbstbedienung. Wie ein Parasit hat dies die Disziplinargesellschaft von innen her zerfressen. Konsumismus ist die neue Moral. Wenn ich kaufe, stütze ich den Zusammenhalt der Gesellschaft. Ich stütze die Wirtschaft, ich stütze die Kommunikation, ich stütze die Gemeinschaft. Es sollte Befreiung dabei herauskommen – bei der Revolution der 1968er wie bei der Propaganda für den Konsumismus. Das Trauerspiel: Tatsächlich haben diese ungleichen Brüder, die Studentenrevolte und der explodierende Konsumismus, die Axt an die Wurzeln der alten Tugenden gelegt. Und so kann man und muss man sagen, dass es nicht mehr Gott, die Gesellschaft oder die Familie sind, die »Werte« setzen, sondern die jeweils beauftragten Marketingexperten. Tugenden können nur noch als die Barrieren wahrgenommen werden, die jenen Erosionsprozess aufhalten, der Flexibilisierung möglich macht.

Zukunftsfähig sein heißt: flexibel sein. Weg mit den verstaubten Tugendkatalogen. Noch trägt sie die untergehende bürgerliche Gesellschaft wie einen Rettungsring um den Bauch. Wird aber nicht helfen. Als Leichenfledderer kommen die neuen Populisten daher, die die Sehnsucht nach guter alter Ordnung und nach einem starken Führer bedienen. Ihnen ist die Vereinnahmung der alten Tugenden gerade recht. Dabei wird gar nicht mehr genau geschaut, was sie politisch sonst noch fordern. Hauptsache, Ressentiments werden bedient. Die alten Tugenden drohen im populistischen Gebrabbel unterzugehen, betatscht und schamlos inkludiert an Stammtischen, an denen Bierschwaden, Hirschknöpfe, Lodenjacken und Blutwurst herrschen.

Der Blick nach innen auf unsere deutschen Verhältnisse reicht aber nicht. Die Tugenden, mit denen wir gelebt haben und die Gemeinschaft, in der wir leben, steht derzeit vor ihrer vielleicht größten Herausforderung: In Zukunft werden sich 20 Millionen Afrikaner pro Jahr auf den Weg nach Europa machen.[11] Europa versucht gerade, sich zu einer uneinnehmbaren Festung umzubauen. Die Idee des Lagers (möglichst in Nordafrika) kehrt zurück. Keiner will solche Asylzentren in seinem Land haben, aber auf die eine oder andere Weise werden sie realisiert werden. Es gibt sie ja im Grunde schon – in Libyen, wo die Zustände in den Lagern schrecklich sind, in der Türkei, wo 2,9 Millionen Flüchtlinge gestrandet sind. In Europa werden humanitäre Grundprinzipien aufgegeben und – von Panikattacken geschüttelt – verfestigt sich der Konsens, dass es gilt, die Außengrenzen um jeden Preis zu schützen. Bis 2050 wird sich Afrikas Bevölkerung auf 2,5 Milliarden verdoppeln. Der Internationale Währungsfonds sagt, dass 85 Prozent der afrikanischen Migranten wirtschaftliche Motive haben.[12] Sie werden kommen, sie werden es versuchen.

Das Thema ist nicht neu. Hannah Arendt hat bereits 1943 auf das Dilemma zwischen Massenzuflucht und Wahrung der Menschenrechte hingewiesen. Wird massenhafte Zuflucht zugelassen, dann wahrt man die Menschenrechte, verliert aber die nationale Selbstbestimmung. Heute müsste man sagen: Gefährdet ist die europäische Selbstbestimmung, die kulturelle und ökonomische Stabilität. Könnte es passieren, dass Europa seine demokratische Seele verliert? So fragt der bulgarische Politikwissenschaftler Ivan Krastev. Hat Europa angesichts des Erstarkens der populistischen Parteien deshalb das Recht und die Pflicht, Zuwanderung zu begrenzen und auszuwählen? Nimmt es damit nicht sogar Verantwortung für die Herkunftsländer wahr?[13] So spricht die Vernunft. Und ihr Argument ist kaum zu bestreiten. Nimmt man aber jenseits der Demokratie, des schutzbedürftigen Europas oder populistisch geschürter Ängste die Menschen in den Blick, tritt das unlösbare moralische Dilemma zutage. Das Abendland, das sich noch immer ›irgendwie‹ als christlich versteht, kann die afrikanischen Flüchtlinge nicht im Mittelmeer ertrinken lassen, kann sie auch nicht in outgesourcten Lagern ihrem Schicksal überlassen, ohne selber an seiner Seele Schaden zu nehmen. Im Inneren der Festung Europa sollen die christlichen Werte gelten, sollen Humanisierung, Rechtsstaatlichkeit und Demokratisierung auf der Agenda stehen, auf der anderen Seite der Grenzen aber nicht? Man kann das vielleicht unter Einsatz von immer mehr Militär, von Abschreckung und Härte erreichen: Was aber geschieht im Innern der Festung Europa? Niemand kann ernstlich glauben, dass das geht: Nach innen ein liberales, menschenfreundliches, sozial wärmendes Europa, nach Außen eiskalte Gewalt. Die Gefahr ist, dass ein solches Europa nekrophile Züge annimmt. Dass es beim Blick in den Spiegel wie Frankensteins Monster aussieht und dass die Grausamkeit nach außen sich unweigerlich im Innern wiederfindet. Man kann nicht Kinder systematisch ertrinken lassen, ohne dass das die Seelen derer, die drinnen sitzen, zerstört. Es geschieht gerade etwas Ungeheuerliches: Die Hoffnung auf ein Leben in Frieden und Freiheit, für alle gedacht, wird abgelöst durch die Risikokalkulation. Die Vorstellung von einer zukünftigen Welt, in der niemand hungert, für die es zu kämpfen gilt: Diese Hoffnung ist verkümmert zugunsten einer brutalisierten Eindämmung von Migrationsfluten. Die Folge wird sein: Die einen ertrinken, die anderen verdorren. Der Bau der Festung Europa wird nicht nur nach außen, sondern auch im Inneren Opfer kosten.

Das Nachdenken über das, was uns zusammenhält, und über die Tugenden, die dieses Nachdenken begleiten, muss neu beginnen. Gesucht ist ein dritter Weg: Ein Weg zwischen denen, die besinnungslos nach vorne stürzen, und denen, die sich gedankenlos an das Überkommene klammern. Die einen versuchen, Gemeinschaftlichkeit und Tugenden als Ballast abzuwerfen, die anderen pflegen Gemeinschaftlichkeit und Tugend wie ein Mausoleum. Beides hilft uns nicht.

Erodiert der Zusammenhalt?

Der soziale Zusammenhalt bröckelt. Jedenfalls wenn man den Politikern glaubt. Angela Merkel, die Bundeskanzlerin, verweist darauf in ihrer Neujahrsansprache zum Jahr 2018. Der im gleichen Jahr neu gewählte Grünen-Vorsitzende Robert Habeck macht es zum zentralen Punkt seiner Antrittsrede. Der deutsche Bundespräsident Steinmeier beschwört am 3. Oktober 2017, dem Tag der deutschen Einheit, »den Zusammenhalt der Bevölkerung«. Er warnt vor neuen Mauern im Land, hinter denen Misstrauen gegenüber der Demokratie geschürt werde.

An zwei Phänomenen wird diese Angst vor Erosion festgemacht, ob nun Angela Merkel, Frank-Walter Steinmeier oder Robert Habeck spricht: der wachsenden Kluft zwischen Arm und Reich einerseits und dem Erstarken der rechtsextremen Kräfte andererseits. Es drängt sich die Erinnerung an Goethes Faust auf, dessen Sinnen und Trachten sich um die Sehnsucht dreht, »... dass ich erkenne, was die Welt im Innersten zusammenhält«. Die Tatsache, dass die Frage danach, was die Gesellschaft im Innersten zusammenhält, sich heute so vehement meldet, ist ein Ausdruck dafür, dass der Zusammenhalt in eine Krise geraten ist. Solange die Frage nicht gestellt wird, funktioniert der Zusammenhalt, scheint er selbstverständlich. Erst wenn da etwas bröckelt, taucht sie auf und wird dann unabweisbar. Wahrscheinlich hat die lange Geschichte des wachsenden Wohlstands die Frage nach dem, was uns zusammenhält, erst gar nicht aufkommen lassen. Der wachsende Wohlstand war mit der beruhigend-einlullenden Vorstellung verbunden, dass es eines Tages allen Menschen so gut gehen werde wie uns. Man müsse nur daran arbeiten und geduldig warten. Spätestens die Flüchtlingskrise hat damit aufgeräumt. Dass die Menschen in Afrika in absehbarer

Zeit auf unserem Konsumniveau leben könnten – daran glaubt inzwischen niemand mehr. Ganz abgesehen von der ökologischen Katastrophe, die damit voraussehbar einhergehen würde. Nun aber tauchen Unsicherheiten an allen Ecken und Enden auf: Wie sieht es künftig mit der Altersversorgung bei uns aus? Wie mit der Pflegesituation? Was machen Automatisierung und Digitalisierung mit uns, und was wird aus unseren Arbeitsplätzen? Die Erosion eines mitunter naiven Zukunftsoptimismus schlägt auf die Gesellschaft zurück. Alles scheint fraglich zu werden. Die politische Elite spürt das, und die sogenannten einfachen Leute spüren es auch. Aber viele Politiker haben, eingehüllt in gesicherte finanzielle Verhältnisse und abgefedert durch Privilegien, das Gespür für die verloren, die in unsicheren Arbeitsverhältnissen oder als Abgehängte von Hartz IV leben. Sowie die Tür der schwarzen Dienstlimousine zuklappt, ist diese Welt der Marginalisierten weg. In den Ledersitzen, umfächelt von klimatisierter Luft mit den Akten auf dem Schoß, das Telefon griffbereit, sitzt es sich bequem und abgeschottet vom Leben der anderen. Dass es draußen brodelt, bekommen sie nur noch theoretisch mit, bestenfalls über die Papiere ihrer Referenten. Und natürlich über die kontinuierlich steigenden Wahlergebnisse der Alternative für Deutschland. Das kann man dann nicht mehr ignorieren. Das Gefühl, einer Krise entgegenzugehen, ja, schon mitten in der Krise zu stecken, das Gefühl, alles Gewordene, Gewohnte zerfalle: Das ist ja keine Chimäre, sondern die Realität der Menschen. Gerade in Ostdeutschland fühlen sich viele heimatlos. »In der DDR war man auf Arbeit eine Art Familie und blieb das auch in den ersten Jahren nach der Wende. Man hat sich nach der Arbeit nach Hause eingeladen, zum Grillen zum Beispiel, es wurden die Ehepartner und Kinder mitgebracht. Das Leben und der Alltag wurden miteinander geteilt. Konkurrenz spielte eine sehr untergeordnete Rolle.« Viele fühlten sich heimatlos und entwurzelt, entwertet in der Konfrontation mit den Wessis. So erzählt Cornelia Stiehler, die therapeutisch mit Menschen arbeitet, die unter solchen Entwertungserfahrungen leiden.[14]

Im Grunde kann es jeder an sich selbst beobachten. Im Westen hat die Heimatlosigkeit andere Formen als im Osten. Aber alle verbindet diese Empfindung: dass nichts mehr selbstverständlich ist.

Meine kulturelle Heimat um mich herum schrumpft, sodass ich mir manchmal vorkomme wie ein aus der Zeit Gefallener. Die Kirchen sind leer. In der Universitätsstadt, in der ich lebe, gibt es keine Buchhandlung mehr, stattdessen Supermärkte mit Druckerzeugnissen. Im ICE hängen eigentlich alle am Smartphone. Mit Ausnahme des Herrn, der mit goldgerandeter Brille die Zeitung aufschlägt. Wie ein Tsunami, der die gewohnten Bilder und Empfindungen zu Trümmern zerschlägt und durch eine Moderne mit Schnappatmung ersetzt: immer schneller, immer globaler, immer gleichgeschalteter. Auf die Zuwanderung haben die einen mit aggressiver Angst vor den Fremden reagiert, die anderen mit einer bisweilen kitschigen Willkommenskultur. Angezündete Flüchtlingsheime einerseits, gewalttätige junge Flüchtlingsmänner andererseits. Da ersticht einer kurzerhand seine Schwester auf offener Straße, weil die sich nicht richtig benimmt. Gehört der Islam zu Deutschland? Was wird aus unseren ›Werten‹? Werden wir gerade überfremdet, oder ist im konsumistischen Alltag der Moderne eigentlich alles egal? Die Fronten sind nicht mehr klar. Der bayerische Ministerpräsident will Kreuze in jeder Behörde aufhängen, der Münchner Kardinal widerspricht. Das Kreuz sei ohne den, der dranhängt, nicht denkbar, und: Das Kreuz sei kein Werbeartikel. Wo verläuft eigentlich die kulturelle Front?

Die Fremden sind überall. Wenn ich mal in den Stadtbus hineingerate, ich Autofahrer, dann sehe ich mich umgeben von Menschen mit Hartz-IV-Hintergrund, Migrationshintergrund oder mit Altersarmutshintergrund. Ein bisschen beklommen bin ich manchmal, wenn ich die jungen arabischen Männer mit Turmfrisur, Smartphone, schneeweißen Nike-Schuhen und schrillen Klamotten sehe. Oder die mit Glatze, mit spiegelnder Sonnenbrille und ihrem gutturalen Arabisch. Aber dann die Gegenerfahrung: Ein altes türkisches Ehepaar bedeutet der Enkelin aufzustehen, um mir ihren Platz in der S-Bahn anzubieten. Ich bin dankbar, ein wärmendes Gefühl blitzt zwischen uns auf. Soll ich die Fremden fürchten oder mich ihrer erfreuen? Bei anderer Gelegenheit ein junger ›Orientale‹ – so hätte mein Vater wohl gesagt –, der seine Schuhe auf den Sitz legt, was mich ärgert. Soll ich etwas sagen? Kann ich das wagen? *Hostis* ist im Lateinischen der Feind und der Gast zugleich. Diese Doppeldeutigkeit schlägt sich in meinen Gefühlen nieder. Da kommt die verschleierte Frau, begleitet von ihrem dunklen, modisch gekleideten Mann. Die Burka, das Hassobjekt. Wenn ich in fernen Ländern reise, suche ich das Exotische. Tauglich für schnelle Bilder, die nachher keiner sehen will. Das Bild vom Basar wird ja durch die schwarz verschleierte Frau erst attraktiv. Aber hier gehört sie nicht hin, in meine S-Bahn. Wird die Frau unterdrückt? Oder verlangt das Toleranzgebot, dass ich die Burka akzeptiere?

Was für ein Gefühlswirrwarr! Ich soll als Bereicherung empfinden, dass die Flüchtlinge hier sind, sagt mein Multikulti-Gewissen. Freunde haben sogar eine syrische Familie adoptiert, für Wohnung und Mobiliar gesorgt. Der Atem stockt mir etwas, als ich höre, dass die syrische Familie mit dem Fernsehapparat in ihrer Wohnung nicht zufrieden ist, sondern einen Flachbildschirm in Groß verlangt. Darf ich mich ärgern, oder ist das arrogant? Mein innerer Kontrolleur sagt mir: Das sind Flüchtlinge, die sind schrecklichen Umständen entronnen, sie hatten ordentliche Lebensverhältnisse in Syrien, warum sollten sie sich hier aufführen wie brave Kirchenmäuse? Habe ich nicht oft genug großmütige Gastfreundschaft in arabischen Ländern erfahren? Unvergesslich eine Ankunft in einem sudanesischen Dorf: Nach langer, erschöpfender Fahrt durch die Wüste finde ich im Dunkeln meinen Bestimmungsort nicht. Ich klopfe an ein dunkles Tor. Es öffnet ein würdiger älterer Mann, in weißem Gewand, mit um den Kopf gewickeltem Turban. Mein Blick fällt auf einen beleuchteten Innenhof. Ein großer Teppich in der Mitte, über und über bedeckt mit Schüsseln und Körben, in denen duftende Speisen, Reis, gebratenes Fleisch, Fladenbrot zu sehen sind. Männer, Frauen und Kinder umlagern den Teppich, und mit einer großzügigen, einladenden Geste werde ich in die feuerflackernde Helligkeit gebeten, um mit den versammelten Menschen gemeinsam zu essen. Es ist Ramadan, die Sonne ist untergegangen, und nun wird das Fasten gebrochen. Wenn vor meiner Tür zu abendlich-dunkler Stunde einer der Flüchtlingsfremden steht, würde ich ihn hereinbitten und zum Essen einladen?

»Wie Zähne im gesottenen Kalbskopf halten die Uneinigen zusammen«, heißt es in einer Sprichwortsammlung aus dem Jahr 1662. Eben gar nicht.[15] Das Thema des gesellschaftlichen Zusammenhalts ist natürlich nicht neu, sondern zieht sich durch die Geschichte.

Das liebe heil'ge Röm'sche Reich
Wie hält's nur noch zusammen?

So singt Frosch, einer der lustigen Gesellen in Auerbachs Keller. In Goethes Faust. Und Brandner, ein anderer der ›lustigen Gesellen‹, antwortet:

Ein garstig Lied! Pfui! Ein politisch Lied.
Ein leidig Lied! Dankt Gott mit jedem Morgen,
Daß ihr nicht braucht fürs Röm'sche Reich zu sorgen.

Wer sorgt für den Zusammenhalt? Wer verantwortet ihn? Das Kabinett? Das Parlament? Von dort – das wissen wir – kommen vielleicht Rahmenbedingungen, aber den Zusammenhalt, den können Politik und Wirtschaft nicht ›schaffen‹. Vielmehr ist dies immer die Sache der Bürger selbst. 1958 hat Chinua Achebe das Buch »Things fall apart« (deutsch: »Okonkwo oder Das Alte stürzt«) geschrieben, immer noch ein Klassiker der afrikanischen Literatur und das meistgelesene Buch eines afrikanischen Autors. Der Roman schildert am Beispiel eines Igbo-Dorfes, wie eine nach alten Regeln funktionierende afrikanische Gesellschaft durch das Eindringen der christlichen Missionare und durch koloniale Herrschaft zerfällt. Man kann den Eindruck haben, dass die deutsche Gesellschaft in diesem Spätstadium, in dem sie sich befindet, einen solchen Zerfallsprozess erlebt. Einen Zerfall, der nicht von außen durch Missionare oder Kolonisatoren in Gang gesetzt wird, sondern durch eine Mischung aus Vergeldlichung und Globalisierung, die Gewordenes und Gewohntes hinwegspült.

Ein Zusammenhalt ist nicht einfach zu haben. Er ist niemals selbstverständlich. Es gibt eine schöne Begegnung zwischen Dom Hélder Câmara und Ivan Illich, in der das Thema leuchtend zutage tritt. Dom Hélder Câmara, Erzbischof von Olinda und Recife, Vertreter der lateinamerikanischen Befreiungstheologie, wurde zu Zeiten der brasilianischen Militärdiktatur 1964 bis 1985 politisch verfolgt. Illich trifft ihn 1962 in Rio, wo er eine Verabredung mit einem General hat. Er sagt zu Ivan: »Ivan, ich möchte, dass du im Hintergrund des Raumes sitzt, während ich dieses Treffen habe.« Dieser General war einer der Gründungsväter von *pro familia* in Brasilien und später, während der Militärdiktatur, einer der grausamsten Folterer. Câmara führt das Gespräch. Nach einer halben Stunde entlässt er den General aus seinem Büro und wirft sich auf einen Stuhl neben Illich. Völliges Schweigen. Und dann schaut er seinen Freund Ivan an und sagt: »Du darfst niemals aufgeben. Solange ein Mensch lebt, irgendwo unter der Asche, gibt es ein bisschen des verbliebenen Feuers, und alles, was unsere Aufgabe ist« – und er legte seine Hände, komische, dürre Hände um seinen Mund und blies und sagte: »Du musst pusten … vorsichtig, sehr vorsichtig pusten … und pusten … Du wirst sehen, ob es sich entzündet. Sorge dich nicht, ob es nochmals Feuer fängt oder nicht. Das, was du zu tun hast, ist anfachen.«[16]

Die Erosion der Gemeinschaft, die uns umgibt und die wir spüren, sie kann nicht ›von oben‹ gestoppt werden. Sie kann nur geheilt werden, wenn wir das tun, was Ivan Illich so formuliert: »Trag eine Kerze im Dunkeln, sei eine Kerze im Dunkel, wisse, dass du eine Flamme im Dunkel bist.«[17]

Vom Charakter zum Algorithmus

Nein, mein Vater hätte auf die Frage nach dem, was uns zusammenhält, mit Unverständnis reagiert. Vielleicht auch mit einer Ohrfeige. In Familie und Staat müssen Ordnung und Disziplin, Pünktlichkeit und Sauberkeit herrschen. Widerspruchslos, und darum sind keine dummen Fragen erlaubt. Auch keine langen Haare, keine Miniröcke. Dazu gehören natürlich die Zehn Gebote (oder irgendetwas in der Art). ›Du sollst nicht lügen‹ und so weiter. Der soziale Zusammenhalt war in seiner, meines Vaters, Zeit etwa so vorgestellt wie das kuschelige Gedrängel in einer Schafherde, die vom Schäfer und seinen Hunden bewacht und beschützt wird. Einzelgänger geraten sofort in die Gefahr, vom Wolf oder vom Auto gerissen zu werden. In dieser Familie war man gesichert, aber nicht frei. Jedes Kind verließ dieses Nest mit einem Panzer, der es einsatzfähig machte: als Frau und Mutter in der Familie, als Arbeiter oder Angestellter in Fabrik und Familie. Der Zusammenhalt war ganz selbstverständlich da, und wer auszubrechen versuchte, wurde in die familiale Herde zurückgescheucht. Wer sich trotz alledem vom Normgefüge entfernte, landete im Zuchthaus oder in der Irrenanstalt. Die Rolle der familialen und gesellschaftlichen Dirigenten war klar, und jeder spielte nur sein Instrument im Gesellschaftskonzert. Ein stählernes Gehäuse, ebenso ausbruchssicher wie eben auch schützend.

Wie eine Rostlaube, gegen die jemand tritt, sollte in den Sechzigern das eherne Gehäuse der Disziplinargesellschaft zusammenbrechen. Die 1968er schwangen die Abrissbirne, und die alten Autoritäten, die den aus der Mode gekommenen Zusammenhalt garantierten, flüchteten wie Vampire vor dem anbrechenden Tageslicht. Autoritäten, sonntäglicher Kirchgang, traditionelle Familienstrukturen, Monogamie und ordentliche Arbeitsbiografien wurden vom Strom der Modernisierung fortgerissen und verschwanden im Strudel neuer Verhältnisse: Fernsehvergnügen statt Kirche, Ehescheidung statt qualvoller Treue. Sogar freie Liebe und kreativer Jobwechsel. Und mit einem Mal stellte sich die Frage nach dem *Zusammenhalt* ganz anders. Zusammenhang wurde als unerwünschte Bindung wahrgenommen, als Zwang und Repression. ›Macht kaputt, was euch kaputt macht!‹ Die *Keim*zelle der Gesellschaft, die Familie, wurde über Nacht als *Keimzelle* identifiziert. Die Ehe wurde als Knast entlarvt, die Eltern wurden Partner ihrer Kinder. Die Rolle des Alters schwand ebenso wie die Rhythmisierung des Lebens.

Aber die Befreiung, die da zelebriert wurde, kippte. Die neue Beliebigkeit in den Beziehungen, die Flucht aus der Familie, aus den engen nachbarschaftlichen Milieus endete in der Sackgasse einer so nie da gewesenen massenhaften Einsamkeit. Und die erkämpfte Flexibilisierung aller Verhältnisse wurde zum Virus, der seinerseits alle Verhältnisse anzustecken begann. Hatte man den alten Verhältnissen den Kopf abgeschlagen, so wuchsen an der Stelle des abgeschlagenen Kopfes, das Blut spritzte noch, immer neue Repressionsfiguren, die allesamt Variationen auf das eine Lied waren: die Leistungsmelodie. Die Disziplinargesellschaft wurde durch die konsequente Leistungsgesellschaft abgelöst. Leistung aber hat einen Zwilling, und der heißt Konkurrenz. Und damit wird es sogleich schwierig mit dem Zusammenhalt: Denn solidarisches Verhalten ist recht hinderlich im persönlichen Fortkommen, welches doch gerade darin besteht, dass der Konkurrent besiegt wird. Von der Schule bis zum Arbeitsplatz beginnt nun ein Wettrennen, das sich zum Sprengsatz für die Idee der Gemeinschaftlichkeit und des Gemeinsinns entwickelt. Die Leistungsgesellschaft löst die Idee der Gemeinschaftlichkeit auf, sie reißt den Einzelnen förmlich heraus und formt ihn zum konkurrierenden Single. Aus der Sicherheit des Zusammenhalts wird die Unsicherheit der Abhängigkeit, was natürlich auch einen Zusammenhalt begründet, der aber in der Kontrolle verankert ist und in den Versuch mündet, Abhängige immer abhängiger zu machen. Letztlich ist der Hintergrund der Spaltung der deutschen Gesellschaft (und dieser Prozess ist ein weltweiter) in Arm und Reich dieser Prävalenz der Leistung zu verdanken. Ein Zerfall von Zusammenhängen, eine Zunahme von Desintegrationsphänomenen, die gegenwärtig zu kulminieren scheinen: die andauernde Instabilität der Finanzmärkte, die Krise der europäischen Integration, die von ökonomischen Interessen getriebene Erosion der atlantischen Beziehungen, die Instabilität der pluralistischen, liberalen Demokratien, der Höhenflug von Ressentiments, die vor Brandstiftung in Flüchtlingsheimen nicht zurückschreckten, Sezessionsbewegungen (von Großbritannien bis Katalonien), die Akzeptanz autoritärer Politikstile, die Skandalisierung des Privaten, die Leugnung ökologischer Katastrophen, die Renaissance von Mustern des Kalten Krieges, die Korruption der Eliten.[18] Es entstehen einerseits Lebenswelten ohne hinreichende Bindekräfte, Singlewelten, die ihre Weltbindung über Tinder oder Facebook realisieren, oder eben reaktionäre, territorial orientierte Wagenburgen, die sich verzweifelt gegen Fremdes wehren.

»In der Zukunft läuft alles rund: Arbeit, Freizeit und Beziehungen sind von Algorithmen optimiert. Quality-Partner weiß, wer am besten zu dir passt. Das selbstfahrende Auto weiß, wohin du willst. Und wer bei TheShop angemeldet ist, bekommt alle Produkte, die er haben will, zugeschickt, ganz ohne sie bestellen zu müssen.« In seiner Zukunftssatire »QualityLand« hat Marc-Uwe

Kling die schöne neue Welt, wie sie zu erwarten ist, beschrieben. Es gibt da Brüche in einer Welt, in der die Maschinen immer menschlicher und die Menschen immer maschineller werden. Der Maschinenverschrotter Peter begegnet Drohnen, die unter Flugangst leiden, und Kampfrobotern, die mit einer posttraumatischen Belastungsstörung geschlagen sind.[19]

Ein Ministerium für Einsamkeit gibt es jetzt in Großbritannien. Begründet wird die Einrichtung mit »der traurigen Realität des modernen Lebens«, wie die britische Premierministerin Theresa May sagte. Objektiv und subjektiv sind die Menschen vom Gefühl einer neuen Schutzlosigkeit befallen. Sie sind allein. Der heimliche Dirigent dieser neuen digitalen Gesellschaft ist der Algorithmus. Vielleicht wird das an der Tatsache besonders deutlich, dass auch am Lebensende der Algorithmus die Regie übernimmt. Das Instrument heißt: ACP, Advanced Care Planning. Zu Deutsch: Vorsorgeplanung. In kontinuierlichen Gesprächen mit medizinischen Experten soll der Sterbende festlegen, welche Entscheidungen er unter welchen Umständen wünscht. Daraus werden Algorithmen entwickelt, mit denen dann die Profis Behandlungskonzepte entwickeln. Von der Wiege bis zur Bahre Formulare, Formulare. So hieß es früher. Heute sind es nicht mehr Formulare, sondern Algorithmen. Ich stelle mir vor, dass diese Algorithmen eine Art digitale Würmer sind, die sich in unser Leben fressen. Sie ersetzen das, was einmal Charakter war, persönliche Entscheidungen waren, durch objektivierte, mathematisierte, berechnete Zahlenkolonnen. Deren Verknüpfung ergibt mein Leben, das nicht mehr von Göttern oder dem Schicksal, von Liebe und Tod, sondern von gesichtslosen Algorithmen bestimmt wird. Ich sehe sie nicht, aber sie sind da: moderne Gespenster, unsichtbare Kräfte. Sie sind nicht der Ersatz für die Tugenden, sondern sie sind das Gift, mit dem ihnen der Garaus gemacht wird. Es gibt keine Koexistenz von Tugenden und Algorithmen. Letztere sind gleichwohl der Treibstoff für das, was heute »Künstliche Intelligenz« genannt wird. Eine wegweisende Zukunftstechnologie. Vielleicht die Rettung für ein ökonomisch und technologisch an den Rand geratendes Europa? Starke und schwache KI (Künstliche Intelligenz) wird unterschieden. Schauen wir noch einmal in das satirisch gedachte ›QualityLand‹, das bei genauerer Betrachtung vielleicht näher liegt, als wir es uns vorstellen. Da fragt ›der Alte‹, der eine noch ganz und gar menschliche Figur und kein Roboter ist: »Was ist die wichtigste Fähigkeit, die wir Menschen haben? Was hat uns zu der weltbeherrschenden Spezies gemacht, die wir heute sind?« – »Keine Ahnung«, antwortet sein Gesprächspartner. »Die Fähigkeit, Gemeinschaften zu bilden? Mitgefühl? Liebe?« Das seien Kinkerlitzchen. »Wir können Werkzeuge herstellen. Maschinen.«[20] Eine intelligente Maschine, die noch intelligentere Maschinen entwirft. Das ist, was KI können soll. Eine Superintelligenz, die alles Dagewesene übertrifft. Sie würde sich dezentralisieren und im Netz allgegenwärtig sein. Sie hätte Zugriff auf Billiarden Daten, Kameras, Mikrophone. Diese Superintelligenz wäre nicht nur allgegenwärtig, sondern auch allwissend und allmächtig. Wie Gott. Ein Gott, den die Menschen geschaffen haben. Der sich aber von seinem Schöpfer emanzipiert hat.»Wird es denn ein gütiger Gott sein?« Der Alte, der hier spricht, sagt: »Ja, das ist die Frage. Generell gibt es drei Möglichkeiten: Die Superintelligenz könnte uns wohlgesonnen sein, in diversen Abstufungen, sie könnte uns feindlich gegenüberstehen, wieder in diversen Abstufungen, oder aber wir wären ihr gleichgültig. Das Problem ist, dass selbst ein gleichgültiger Gott für uns katastrophal sein könnte ... Vielleicht findet die Superintelligenz ..., dass unsere gesamte Nahrungsmittelproduktion Ressourcenverschwendung ist.«[21]

Wenn der digitale Tugendwächter kommt

»Guten Morgen Mia, du hattest eine gute Nacht!«, ertönt es leise aus den Lautsprechern an der Zimmerdecke. Mia öffnet die Augen. Die Jalousien fahren automatisch nach oben, Sonnenlicht fällt durch die Fenster in ihrem Schlafzimmer. Ben hat für alles gesorgt. Mia mag es, von seiner Stimme und den Sonnenstrahlen geweckt zu werden ...«[22]

Ben ist eine Künstliche Intelligenz, die in der Cloud lebt und mit vielen Geräten in Mias Haushalt vernetzt ist. Mia trägt ein Armband, auf das Ben, der Computer, zugreift. Er überwacht Mia, er wacht auch über ihren Schlaf. Und deshalb weiß er: Mia hatte eine gute Nacht. Und Mia ist beruhigt, dass Ben ihr sagt, sie habe gut geschlafen.

Wie Mia sind schon heute viele Menschen über ihr Smartphone mit lebensbegleitenden digitalen Instanzen verbunden. »Lege regelmäßige Bett- und Aufwachzeiten fest und halte sie ein«, fordert mich mein Handy auf. »Beruhige deine Sinne, sei entspannt und achtsam«, lese ich hinter dem Bildchen »Achtsamkeit«. »Iss mehr richtiges Essen, weniger Junkfood und achte auf die Menge« – fügt der digitale Ernährungsberater hinzu, und hinter dem Icon »Aktivität« ploppt der Satz auf: »Sitze weniger, beweg dich und treib Sport.« Sind das die neuen Tugenden: stetige Aktivität, überlegte Achtsamkeit, gesunde Ernährung und genügend Schlaf? Man erinnert sich: Die vier antiken Kardinaltugenden waren *iustitia* (Gerechtigkeit), *fortitudo* (Tapferkeit), *sapientia* (Weisheit) und *temperantia* (Mäßigung). Hat sich die antike *Mäßigung* nun in die Aufforderung ›Iss nicht zu viel und vor allem kein Junkfood!‹ gewandelt? Wurde aus der *Tapferkeit* die körperliche Aktivität, die ich mir täglich gegen den inneren Schweinehund abverlangen muss? Und lasse ich meinem gestressten Body-and-Soul-Paket *Gerechtigkeit* widerfahren, wenn ich ihm geregelte

Schlafzeiten zukommen lasse? Schließlich die *sapientia*: Die zeigt sich jetzt als Achtsamkeit ... ›Beruhige deine Sinne, sei entspannt und achtsam.‹ Elektronische Weisheit mit buddhistischem Lifestyle parfümiert?

Ist also alles gut? Sind nicht die antiken Tugenden in angemessener Weise modernisiert und auf jeder Apple Watch und jedem Smartphone präsent? Diesmal ohne Bücher, ohne Lehrer, ohne Priester. Sind sie nicht adäquat ersetzt durch den elektronischen Beichtvater, den digitalen Zeremonienmeister, den virtuellen Tugendwächter? Von wegen Werteverfall: Davon konnten die Alten doch nur träumen, dass die Aufforderung zur Tugend qua Handy immer und überall dabei ist.

Sitzt also längst ein digitaler Moses in der Cloud, der seine Gebote nun nicht mehr auf steinerne Tafeln schreibt und sie zu Tale trägt? Stattdessen lässt dieser Moses seine Gebote digital und universal aus der Cloud regnen. Ein Moses, der allgegenwärtig Minute um Minute meine Lebensbilanz erstellt. Die Zahl meiner Schritte wird automatisch gelesen; die gegessenen Kalorien trage ich ein; über meine Achtsamkeit gebe ich Rechenschaft. »Vergib mir, digitaler Meister, denn ich habe Junkfood gegessen.« Nein, da tönt kein »*ego te absolvo in nomine patris et filii et spiritus sancti*« (Ich vergebe dir im Namen des Vaters und des Sohnes und des Heiligen Geistes) aus dem digitalen Beichtstuhl. Ich kann nur eines tun, ich muss Besserung geloben und die Joggingschuhe anziehen. Gute Werke, um der Sündenfalle zu entkommen: Ich kann gleich morgens vor dem Frühstück fünf Kilometer laufen und so meine schlechte Mobilitätsbilanz von gestern wieder aufbessern. Ich, ich allein, spreche mich schuldig, ich allein erforsche mein Gewissen, genauer: meine Werte. Und Tricks, mit denen man die Bilanz schönt, gibt es nicht. Die sportbegeisterte Henriette hat sich 10 000 Schritte am Tag zum Ziel gesetzt, das digitale Armband zählt für sie. Aber wenn sie bügelt, dann – so hat sie bemerkt – zählt das Armband Schritte, als würde sie laufen … Die kleine Lücke, die der Teufel lässt? Aber sie weiß natürlich, dass sie nur sich selbst betrügen würde. Der Inquisitor sitzt in ihr, in mir.

Hält der Tugendwächter im Handy also die Gesellschaft zusammen? Wenn wir achtsam, gesund, mobil und gelassen sind: Kommen wir dann nicht besser miteinander aus? Ist der elektronische Tugendwächter nicht eigentlich ein ganz angenehmer Geselle, der die Einzelwesen erzieht und sie zu nützlichen Mitgliedern der Gesellschaft macht? Gott sei Dank kein Robespierre, der die, denen es an Tugend mangelt, auf die Guillotine schickt. Kein Inquisitor, der nach dem Autodafé den Sünder verbrennen lässt. Das Joch des digitalen Kontrolleurs ist sanft. Er ist objektiv. Er verliert nie die Geduld, er schimpft nicht, er schreit nicht.

Aber ein bisschen unheimlich ist er doch, der smarte Maestro. Wenn man weiterdenkt. Wenn man sich fragt, was daraus werden kann ... Eine Meldung aus China öffnet den Blick auf eine Bühne, auf der das digitale Spiel sein monströses Gesicht zeigt. Da wird eine Zukunft sichtbar, die Einhaltung der neuen Tugenden nicht mehr rät, sondern freundlich erzwingt.

Die chinesische Regierung plant, ab 2020 ein Bewertungssystem für alle Bürger einzuführen. Das Social Credit System basiert auf einem verpflichtenden Punktekonto für alle Bürgerinnen und Bürger. Der Staat will auf diese Weise das *Vertrauen in der Bevölkerung* stärken. »Jeder Chinese soll anhand des Punktekontos einer Person gleich erkennen können, ob die Person diesem Punktesystem nach vertrauenswürdig ist«, bemerkt und kritisiert die Politikwissenschaftlerin Katika Kühnreich.[23] Vorläufer des staatlichen Punktesystems gibt es schon: Es gibt das Social Credit Programm »Sesame Credit« der Firma Alibaba, das ist Chinas Amazon. Darin sind die Daten aller Alibaba-Nutzer eingespeist. Aber Sesame Credit erfasst nicht nur das Konsumverhalten, vielmehr fließen auch Bewertungen des Umfelds ein wie auch Daten von Gerichten, von Schuldenregistern oder Dating-Portalen. Es ist in China sehr beliebt, mit dem Punktestand für sich selbst Reklame zu machen. »Sesame Credit«: In der Geschichte aus Tausendundeiner Nacht öffnet der Spruch »Sesam öffne dich!« das Felsentor der Schatzkammer. Gamification heißt das neue System, und es wird in Wirtschaft und Werbung immer beliebter, auch hierzulande. Die Orwell'sche Überwachungsdystopie, meint Katika Kühnreich, hat sich erledigt, sie hat sich maskiert und kommt als verspielter Belohnungsansatz daher.[24] Die Basidschi, die iranischen Religionswächter, die uns ein Graus sind, sind immerhin noch körperlich fassbare Figuren, während uns die digitalen Tugendwächter und Punkteverteiler als körperlose Wesen begegnen. Ist es Voraussicht, ist es Erfahrung: In der christlichen Tradition wird gesagt, dass der Teufel körperlos sei.

In gewisser Weise scheint ganz klar zu sein, was uns in Zukunft zusammenhält: Technik. Dies ist der erkennbare internationale Trend: Soziale Probleme sollen durch Technologie und Kontrolle gelöst werden. Der Treibstoff sind Daten, Daten, Daten. Daten werden sogar schon als das »neue Öl« bezeichnet. Ist die Frage nach dem, was uns zusammenhält, also erledigt, weil diese soziale Frage in ein technisches Problem umformuliert ist?

Mia, die unter Bens Regie die Augen aufschlägt, ist ein tugendhaftes Mädchen, wenn sie ihre Aktivität, ihre Achtsamkeit, ihre Gesundheit und ihren Schlaf kontrollieren lässt. Jedenfalls hätte man sie noch vor hundert Jahren als tugendhaft bezeichnet. Heute klingt das arg altmodisch. Sie achtet auf sich, sie lebt verantwortungsvoll, würde man heute sagen. »2037 wird es Standard sein, von einer Künstlichen Intelligenz (KI) wie Ben den gesamten Tag über begleitet und unterstützt zu werden«, sagt Christopher Lindinger, Zukunftsforscher am

Ars Electronica Futurelab in Linz.[25] Ben wird als Computer nicht mehr erkennbar sein, sondern Ben versteckt sich zukünftig in jedem Kleidungsstück, in jeder Wand des Apartments, im Kühlschrank. Das »Internet der Dinge«, das Internet, in dem auch Ben existiert, verbindet schon heute 25 Milliarden Geräte, 2020 werden es 50 Milliarden sein: durchschnittlich sieben Geräte pro Mensch. Und diese Geräte werden nicht mehr mit Knöpfen oder Touchscreens bedient werden, sondern durch Sprache. Mit den KIs werden wir – so sagen die Zukunftsforscher – wie mit Freunden sprechen. Darum hat Mia ihrer Künstlichen Intelligenz einen Namen gegeben: *Ben*. Das Netz verwandelt sich gerade in eine Sprech- und Videolandschaft. Die Finger, mit denen man bisher Menschen ihre Smartphones bedienen sah, gehören sehr bald der Vergangenheit an. In zehn Jahren wird kaum noch jemand einen Text manuell eingeben. Alexa, Amazons ›Lautsprecher‹, wird jetzt schon millionenfach verkauft und dürfte alsbald in jedem fortschrittlichen Heim stehen. Kennt noch jemand die ›Glotze‹, das Zentrum der Familie seit den 1960er Jahren? Noch in den letzten Jahrzehnten wurde geunkt, der Flachbildschirm sei das, was die Familie noch zusammenhält. Alexa oder ein anderer Lautsprecher von Google oder Alibaba wird ihn ersetzen. ›Lautsprecher‹ ist dabei ein liebenswürdig-antiquiertes Wort für dieses neue Familienmitglied. Voice Commerce wird schon bald unseren Alltag mitbestimmen. Der Lautsprecher wird meine Einkaufswünsche erfüllen, nein: Er wird mir Vorschläge machen, welche Sneakers gerade für mich neu auf dem Markt sind. Er wird mir faszinierende Angebote für einen Wochenendtrip unterbreiten. Und wird mir Musik vorspielen, von der ich noch gar nicht wusste, dass ich sie gern hören möchte. Bald wird Alexa auch mit Bildschirm und Kamera für uns sorgen. Für die Videochats im Vorübergehen und überhaupt brauchen wir dann kein Smartphone mehr. Das ein oder andere Kind macht schon heute mit Alexa seine Hausaufgaben.[26]

Gern möchten wir in die Zukunft schauen können. Die Menschen haben das immer wieder versucht. Die französische Zeitschrift »L'Express« hat im Jahr 1960 eine Reihe von Artikeln veröffentlicht, die die Gesellschaft im Jahr 2000 beschreiben. Diese Zukunft liegt jetzt schon hinter uns. Und insofern ist es interessant, auf die veralteten Prognosen zu schauen, zumal sie von Nobelpreisträgern, Akademiedirektoren – den Größen der Zeit aus aller Welt – verfasst wurden.[27] Wir, die wir heute vielleicht ein bisschen hochmütig auf diese Prognosen herabschauen, stehen vor allem erschrocken vor dem illusionären Optimismus dieser klugen Leute, und das sollte uns vielleicht eine Lehre sein. Reisen zum Mond, so posaunte man 1960, würden im Jahr 2000 alltäglich sein. Bewohnte Satelliten eine selbstverständliche Sache. Alles Essen werde vollkommen synthetisch hergestellt. Die Bevölkerung habe sich vervierfacht, halte sich dann aber stabil. Alle benötigten Metalle würden aus

Felsen und aus dem Meer gewonnen werden. Krankheit und Hunger seien verschwunden, denn eine universale Gesundheitskontrolle würde die Welt überziehen. Und alle Energieprobleme seien gelöst! Die wichtigsten Veränderungen würden aber im Bereich der Bildung und der Reproduktion zu erwarten sein. Denn Wissen werde in »elektronischen Banken« gelagert sein, das in Form elektronischer Impulse direkt in das menschliche Nervensystem übertragen werde. Niemand müsse also mehr lesen oder Informationen gar auswendig lernen, weil alles, was an Wissen gebraucht wird, im Jahr 2000 direkt und unmerklich vom Computer in das menschliche Hirn wandert. Auch die menschliche Reproduktion habe – wie die Bildung – im Jahr 2000 radikale Veränderungen hinter sich: Die natürliche Reproduktion wird verboten sein, die In-vitro-Fertilisation längst Normalität. Denn Ei und Sperma werden von dem männlichen und weiblichen Idealspender genommen. Von Personen nämlich, die lange tot sind, sodass man sehen kann, was ihr Leben und Werk insgesamt hervorgebracht hat. Ein Land, das diese Methoden konsequent anwendet, werde – so die Zukunftsforscher – schnell ein Niveau der Überlegenheit erreichen, das es unbesiegbar macht.

Der Philosoph Jacques Ellul hat sich in den 60er Jahren mit diesen Utopien auseinandergesetzt. Er stellt zuerst die interessante Frage: Wie soll eigentlich der Weg in diese Zukunft aussehen? Was ist mit der Zeit dazwischen, mit der Übergangszeit? Wie sollen zum Beispiel die Menschen dazu gebracht werden, auf die natürliche

Befruchtung und Geburt zu verzichten? Und auf welche Weise sollen die Menschen daran gewöhnt werden, nur noch synthetische Nahrung zu sich zu nehmen? Was soll aus all den Menschen werden, die in der Landwirtschaft tätig sind und nun – wenn die Nahrung synthetisch ist – überflüssig werden? Ganz abgesehen von all denen, die ihre Arbeit durch Automatisierung verlieren. Mit diesen Prognosen der wissenschaftlichen und politischen Eliten tritt ein Monstrum auf, ein frenetisch begrüßter Frankenstein, der durch verwüstete soziale Landschaften stolpert, vorwärts, immer vorwärts, und alles unter seine Füße tritt, was alt und gewachsen ist. Pier Paolo Pasolini, der ermordete italienische Schriftsteller, kam aus dem Friaul, dieser nördlichen Landschaft Italiens, und er hat gesehen und beklagt, wie die rücksichtslose Modernisierung des ländlichen Lebens alles opfert, was Sinn und Tiefe gehabt hat. Er sagt über das ländliche Friaul: »Es war eine degradierte und eine raue Welt, aber sie hatte einen Schlüssel zum Leben und zur Sprache, die durch nichts anderes zu ersetzen ist.«[28]

Das Goldene Zeitalter, das die Nobelpreisträger und Akademiedirektoren 1960 prognostizierten, müsste aus Menschen bestehen, deren Wünsche und Bedürfnisse so geformt sind, dass sich aus ihnen homogene soziale Einheiten bilden lassen. Es sollen Aggregate von Individuen entstehen, die wie Mineralwasserflaschen auf dem Laufband gefüllt, abgepackt und ausgeliefert werden. Garantiert gleiche Qualität, gleicher Geschmack, gleiche Form, gleicher Inhalt. Ernährt von Fleisch aus Zellkulturen, des Gedankens an familiale Wärme entwöhnt, fügen sich diese Anthropo-Pakete in die Settings der Arbeit und der Freizeit. Die Frage nach dem sozialen Zusammenhalt ist zusammengeschnurrt auf die Frage nach gutem Funktionieren. Dass es immer wieder einmal fehlerhafte Individuen gibt, die einen richtigen Apfel essen wollen oder sich ein Kind aus altmodisch-natürlicher Produktion wünschen: Das lässt sich in Gesundheitseinrichtungen, die mit einer Mischung aus Verhaltenstraining und Pharmazeutika arbeiten, meistens wieder geradebiegen.

Ist das übertrieben? Sind das nicht nur technische Utopien, deren Realisierung an den Kern des *Homo sapiens sapiens* nicht herankommt?

Jacques Ellul ist der Meinung, dass das, was da 1960 im »L'Express« vorgeschlagen und phantasiert wird, noch jede vergangene Diktatur übertreffe. Überboten durch eine Diktatur der Reagenzgläser, in der die auf genagelten Stiefeln daherkommende Herrschaft in den Schatten gestellt wird.[29]

Die Debatte um sozialen Zusammenhalt kann in einer technikgeleiteten und technikgläubigen Welt Phantasien freisetzen, die im Grunde das organisierbare Individuum herzustellen versuchen. Die Frage nach Kohäsion setzt nicht unbedingt und nicht notwendig human-freiheitliche Ideen frei: Hitler und Stalin haben die Suche nach Kohäsion auf ihre Weise brutal beantwortet, indem sie nämlich Gesellschaft zur Zwangsanstalt gemacht haben. Kohäsion stellen wir uns als ›irgendwie‹ freiwillige Sache vor. Kohäsion kann aber auch chemisch, technisch vorgestellt werden.

Nun sieht es ja so aus, als sei von dieser Prognose nichts eingetroffen.

Oder doch auf verquere Weise vielleicht alles? Leben wir nicht immer mehr von Nahrungsmitteln, die de facto synthetischen Charakter haben? Von Getreide, das nicht wirklich der Scholle entstammt, sondern einer Mixtur aus Chemikalien und Pestiziden, welche Erde und Boden gewissermaßen nur noch als Standort braucht? Diese Landwirtschaft könnte längst auch im Labor stattfinden. Zehn Millionen Kinder – so wird geschätzt – sind »Retortenbabys«, wie es früher hieß. Sie sind aus künstlicher Befruchtung entstanden. Eine wachsende Zahl von Paaren kann keine Kinder bekommen. Gleichgeschlechtliche Paare möchten ihren Kinderwunsch erfüllt sehen. Die In-vitro-Fertilisation ist inzwischen Routine. Die »gute alte Familie« – sie ist zunehmend auf Dienstleistungen aus dem Labor angewiesen. Und niemand kann so naiv sein anzunehmen, dass der Weg nicht auch in eine Optimierung und Fehlerkontrolle dieser medizinischen Dienstleistungsindustrie münden wird. Neun von zehn Paaren lassen bei Trisomie abtreiben.[30] Wer wollte das verurteilen. Und dennoch ist etwas Trauriges darin, dass diese besonderen, oft besonders freundlichen und fragilen Menschen keine Lebenschance mehr haben sollen. Wie weit wird das eugenische Screening gehen? Wann kommt der nächste Schritt, in dem nicht mehr nur ›fehlerhafte‹ Wesen ausgesondert werden, sondern die Auswahl ›positiv‹ wird? Durchgelassen wird nur noch, wer den Designwünschen der Eltern entspricht. Ist es respektlos oder unabweisbare Denkaufgabe, darüber nachzudenken, dass gleichzeitig das synthetische Fleisch auf dem Vormarsch ist? Kindermangel. Nahrungsmangel. Wir haben die Antwort … Und kann man sich vorstellen, dass wir übermorgen unser Kotelett aus dem 3-D-Drucker bekommen und die Kinder auch: weiß oder braun, schlank oder kräftig, blau- oder braunäugig, für Spitzensport oder als Börsenmakler ausgelegt? Und dann wird die Gemeinschaft wirklich vom Geld her aufgerollt: die besten Kinder für das meiste Geld.

»Es kommt bei Kindern mit Down-Syndrom auch häufiger vor, dass sie im Mutterleib einfach sterben.« Das hat eine Medizinerin einer schwangeren Frau gesagt. Sie schreibt ihr einen Brief: »Liebe Frau Doktor, diese Info haben Sie mir kürzlich nebenher bei einer Untersuchung gegeben. Es gibt Worte, die treffen wie tödliche Pfeile, und es gibt solche, die langsam wirken, wie Spuren von Gift. Ihre Worte bewirken letzteres. Warum haben Sie mir das gesagt, Frau Doktor? Haben Sie darüber nachgedacht, was Ihre Worte in mir bewirken?«

Die Frau, die sich mit diesen bewegenden Worten an die Medizinerin wendet, schreibt, dass es einen Tag gedauert hat, um wieder Mut zu schöpfen. Jetzt mache sie sich Sorgen, wenn sie das Kind ein paar Stunden nicht spüre. Ein dunkler Schatten liege über ihrem Alltag und ihrem Verhältnis zu dem Baby. »Wissen Sie, ich war sehr glücklich mit meiner wundervollen, gesunden Schwangerschaft. Sie haben all das zunichte gemacht mit ein paar Worten achtlos verspritztem Gift.« Interessante medizinische Details und detaillierte Statistiken wolle sie nicht hören, denn für sie sei es nicht die Zeit für intellektuelle Neugier. Sie, die Ärztin, möge schweigen über Dinge, die »ich nicht ändern und nicht beeinflussen kann«. Manche Eltern würden von dem großen Glück mit Down-Syndrom-Kindern berichten. Die schwere Last liege darin, dass sie sich, die künftige Mutter, immer wieder mit Menschen auseinandersetzen werde, die in dem Kind in erster Linie ein Risiko, einen Fehler, ein Problemfeld sähen. »Hätten wir Ronja besser töten sollen, um uns nicht der Angst auszusetzen, dass sie sterben könnte?« Dieses Kind werde anders sein als andere Kinder, denn es hat das Down-Syndrom. »Und ich liebe mein Kind aus tiefstem Herzen. All das macht mich irrational auf ganzer Linie.« Vielleicht ist das das Geheimnis des inneren Zusammenhalts? Dass Menschen – gegen alle medizinischen Möglichkeiten und Rationalitäten – festhalten an einem Leben mit einem behinderten Kind? Viel mehr als wir uns das klarmachen, sind Menschen mit Down-Syndrom vielleicht die symbolischen Wächter der Humanität in einer postindustriellen Gesellschaft, die sich auf den Weg gemacht hat, alles zu kontrollieren.

Der Mensch wird in den Prozessen, denen er ausgeliefert ist, immer mehr zu einem Kaleidoskop, in dem sich die Formungen, die er von außen erfährt, wie die bunten Glasstückchen zu immer neuen bunten Bildern zusammensetzen. Das Eigene aber kann sich nur noch im Widerstand und im Widerspruch zu den Prägungen von außen durchsetzen.[31] Unter solchen Bedingungen wird es möglich, den Eindruck von Glück zu produzieren, ohne dass es eine reale Basis für dieses Glück gibt. Halten uns inmitten schrecklichster Lebensumstände Beruhigungstabletten, Schlaftabletten und Psychopharmaka zusammen? Oder sind jene Psychodrogen imstande, die Gefühle so zu formen, dass aus diesem chemischen Traum die Frage nach dem wirklichen Glück gar nicht mehr auftaucht? Vielleicht bringt die wachsende Zahl von Depressiven überhaupt erst zutage, was fehlt. Ist in diesen Kranken, die vielleicht auf verquere Weise die Empfindsamen sind, die verzweifelte Suche nach Sinn und Glück lebendiger und wahrhaftiger – und deshalb werden sie chemisch ruhiggestellt?

Die neue Apartheid

45 Menschen in Deutschland besitzen so viel wie die
Hälfte der Deutschen. Sie können so viel Geld ausgeben,
wie sie wollen. Was sie aus dem Fenster hinauswerfen,
kommt durch den Hintereingang wieder herein. Arm
und Reich hat es immer gegeben, kann man sagen. Aber
schaut man auf Deutschland und auf die ganze Welt,
scheint sich dieser Unterschied ins Gigantische auszu-
dehnen. Ivan Illich hat (im Anschluss an den 2. Thessalo-
nicherbrief) vom *mysterium iniquitatis* gesprochen, vom
Geheimnis der Ungleichheit als dem Geheimnis der in
apokalyptische Ausmaße gewachsenen Ungleichheit.
Die alte Ungleichheit hat globale Ausmaße angenommen, sie ist nun wie ein Krake, der heute die ganze Welt
im Griff hat. Wir können uns gar nicht mehr vorstellen,
dass dieser Prozess noch umkehrbar sein könnte.

Douglas Rushkoff, ein Protagonist des Cyberpunk, ist
Autor und auch mal Keyborder bei Psychic TV, einer
Band aus der Post-Industrial-Szene. Er berichtet von
einer Begegnung der besonderen Art, die man auch
als einen Beleg für das *mysterium iniquitatis* verstehen
könnte. Es ist ein Bericht über eine düstere Szenerie:
Milliardäre, die apokalyptischen Gedanken huldigen.
Rushkoff berichtet von einer Einladung in ein luxuriö-
ses Privatressort. Er wird nach seiner Ankunft in einen
fast leeren Raum gebracht. Er sieht nur einen Tisch und
Stühle. Fünf Milliardäre aus den Führungsetagen der

Hedgefondswelt versammeln sich. Sie stellen ihm Fragen. Zum Beispiel: Wird Neuseeland oder wird Alaska mehr unter den Folgen des Klimawandels leiden? Einer der Teilnehmer, der ein eigenes unterirdisches Bunkersystem fertiggestellt hat, rückt mit einer Frage heraus, die ihn ganz offensichtlich brennend interessiert: »Wie behalte ich nach dem Ereignis die Kontrolle über meine Sicherheitskräfte?« »Das Ereignis«? Das sogenannte Ereignis ist das Deckwort für den ökologischen Zusammenbruch, für soziale Unruhen, Atomexplosionen, für einen unaufhaltsamen Virenausbruch oder für einen vernichtenden Hackerangriff. Das Problem: Das Bunkersystem muss dann ja durch Sicherheitskräfte gegen den Mob da draußen verteidigt werden. Wie aber kann die Loyalität der Sicherheitskräfte gewährleistet werden, wenn Geld in dieser postapokalyptischen Welt längst schon wertlos ist? Zahlenschlösser vor den Essensvorräten? Disziplinierende Halsbänder? Oder doch lieber Roboter als Sicherheitskräfte, wenn es die dann schon gibt? Es geht diesen Menschen nicht mehr um eine bessere Welt, nicht mehr um die *conditio humana*, sondern um deren Überwindung. Auf der Tagesordnung dieser Superreichen steht eine posthumane Utopie. Und das verweist auf eine Entwicklung, mit der wir konfrontiert sind: Die Überwindung des Körpers, der Abhängigkeiten, des Mitgefühls, der Verletzlichkeit steht auf der Agenda solcher transhumanen Visionen. Technik wird nicht mehr propagiert als etwas, was die Lebensbedingungen der Menschen verbessern soll, vielmehr dient sie der Flucht. Wohlgemerkt: der Flucht der Superreichen vor dem »Ereignis«, sei es nun die globale Migration, die Erschöpfung der Ressourcen, die Knappheit des Wassers oder die Vergiftung der Luft. Die Wirklichkeit wird in diesen egomanen Visionen auf Daten reduziert, und die Menschen werden im gleichen Augenblick zu datenverarbeitenden Objekten.[32] Die Technik lässt die Maske fallen: Sie wird für die Wenigen zum Instrument des Überlebens.

Bleibt noch hinzuzufügen, dass Douglas Rushkoff mit seinen Ratschlägen in diesem Gespräch nicht landen kann. Er rät den Milliardären, die Sicherheitskräfte wie Familienmitglieder zu behandeln und Loyalität auf diese Weise zu kreieren. Er fügt hinzu: Würden sie ein solches nachbarschaftliches Ethos auf ihre gegenwärtigen Geschäftspraktiken übertragen, ließe sich »das Ereignis« womöglich sogar noch vermeiden. Man reagiert amüsiert. Die Hedgefondsmanager geben zu erkennen, dass sie »das Ereignis« für nicht mehr vermeidbar halten. Muss man befürchten, dass sie recht haben?

Die moralischen Fragen, die mit den neuesten technologischen Entwicklungen einhergehen: Ich habe sie bisher unterschätzt. Bisher konnte man denken: Entscheidend ist bei technologischen Entwicklungen die Frage, wer die Richtung bestimmt. Aber es ist längst klar: Technik ist nicht neutral, sie spielt den Reichen, den Superreichen in die Hände. Ich dachte bisher, es werde um Fragen gehen, die keineswegs einfach sind: Soll ich meinem Kind, sobald das möglich ist, einen

Fremdsprachenchip einpflanzen? Ist die Entwicklung von Waschstraßen für Pflegebedürftige eine Notwendigkeit oder ein Skandal? Die bayerische Landesregierung setzt auf solche Roboter.[33] Wenn ich aber der Erzählung von Douglas Rushkoff nachsinne, dann drängt sich die Frage auf, ob wir längst eine Schwelle überschritten haben, in der das Bündnis von Technik und Geld die alten moralischen Fragen außer Kraft setzt. In der die Frage nach dem gesellschaftlichen Zusammenhang überholt wirkt, weil die technischen Entwicklungen endgültig das Recht des Stärkeren durchsetzen, die sich den Risiken der Gegenwart zu entziehen versuchen, indem sie Technik für sich und nur für sich einsetzen? Es muss ja nicht gleich so drastisch kommen wie in den Bunkerträumen der Milliardäre. Aber die Optimierung der Körper, das Embryonenscreening, die Sicherung gegen Kriminalität, gegen Migration, gegen schadstoffreiche Luft und gegen zu viel Hitze und zu viele Unwetter: All dies ist nur den Begüterten möglich. Hartz-IV-Empfänger haben eine deutlich kürzere Lebenserwartung.[34] Arme können sich keinen Stacheldraht um ihr Haus und keine Videoüberwachung leisten. An der B 1 in Nordrheinwestfalen wohnen finanziell schwache Menschen: Sie sind einer drastischen Schadstoffbelastung ausgesetzt, ihr Krankheitsrisiko erhöht sich, ihre Lebenserwartung verkürzt sich. Für sie – so könnte man sagen – ist »das Ereignis« schon Realität.

Die neue Apartheid funktioniert technikgestützt. Die Milliardäre in dem kahlen Raum haben die Vision von einer humaneren Welt – von einem Zusammenhalt, der aus den »Tugenden« der Menschen erwächst – aufgegeben. Sie tun nicht einmal mehr so, als wären sie daran interessiert. Die Frage lautet nicht mehr: Was hält die Gemeinschaft zusammen? Sondern: Wie kann ich aus der Gemeinschaft fliehen? Sie lautet auch nicht mehr: Welche Tugenden brauchen wir? Sondern: Welche Kontrollmöglichkeiten haben wir, um Herrschaft, Reichtum und Gemeinschaftsflucht zu sichern?

Ich setze diesem Trend eine Erinnerung entgegen. Eine Erinnerung an eine erfahrene Gemeinschaft. Nicht zufällig ist deren Erfahrung an einfache Lebensumstände, an ein Abseits geknüpft, in dem die Kostbarkeit von Gemeinschaft gefeiert wird. Erinnerung an einen ebenso einfachen wie eindrucksvollen Ort, an einen Gottesdienst im Busch:

Dieses Gotteshaus im Busch im nördlichen Namibia fühlt sich an wie eine primitive Fabrikhalle. Der Ministrant, in ein rotes Gewand gekleidet, umklammert ein schlichtes Kreuz, das aus grauen Latten zusammengenagelt ist. Er hält es während der Lesung aus dem Johannesevangelium dem anglikanischen Priester vors Gesicht. Dieser schwarze alte Mann, auch er in ein rotes Kleid gewandet, mager, mit unübersehbaren Zahnlücken, konzentriert, ermahnt die Gemeinde, wenn ich seine Ansprache in der Oshikwanyamasprache richtig deute, zu friedlichem Miteinander. Die Halle ist voll.

Kaum einer aus der *community*, die aus verstreuten Hütten besteht, scheint zu fehlen. Lange Holzbänke, alte und junge Frauen in sonntäglich-bunten Gewändern, Männer in abgetragenen Jacketts. Vorn in der Nähe des höchst schlichten Altars sitzen auf dem Boden scharenweise die Kinder, geduldig, still, aufmerksam. Meistens jedenfalls. Mütter, deren Babys zu schreien beginnen, verlassen das Gebäude, bis sich das Kind beruhigt hat. Draußen 34 Grad, die Sonne steht hoch am wolkenlosen Himmel. Es wird gesungen, gelesen, gepredigt und wieder gesungen. Wunderschön und vielstimmig. Alles ist – das spüren wir deutschen Gäste, die hierher eingeladen sind – von großen Empfindungen getragen und gestiftet. Die Türen sind an den Seiten offen, sodass der Gesang und die Stimmen nach außen dringen und zugleich der Busch mit seiner duftenden Wärme in den Kirchenraum hineinflüstert. In einem besonderen, feierlichen Holzsessel sitzt ein großer schlanker alter Mann, wir sehen sein hageres, schönes Altersgesicht im Profil. Er grüßt uns mit einem *Schalom Chaverim*: Der Friede möge mit euch sein, bis wir uns wiedersehen. Der Gottesdienst ist für uns Besucher lang, aber nicht zu lang. Er endet mit dem Gemeinschaftsmahl, zu dem sich die Gottesdienstbesucher nach und nach auf den Knien um den Altar versammeln. Das Oblatenbrot wird von Kirchenältesten verteilt. Es wird einem Weckglas entnommen, das auf dem Altar steht. Der schwerflüssige orangefarbene Wein wird den Knienden vom Priester aus einem Kelch gereicht. Wie genau wir beobachtet werden, wird mir deutlich, als einer der Ältesten den Priester darauf aufmerksam macht, dass mein Nachbar, der etwas verzögert hinzukam, bei der Verteilung des Brotes vergessen wurde. Sogleich wird das wiedergutgemacht. Ich werde durchflutet von einem Gefühl der Zugehörigkeit, die aus diesem Halbkreis um den Altar und der Nähe zu den neben mir Knienden erwächst. Ich begreife, wie sich in diesem Augenblick der ausgeteilte Wein in das warme Blut der Gemeinschaft verwandelt. Einen Augenblick lang ist der tiefe Spalt zwischen dieser ärmlichen schwarzen *community* und uns reichen Weißen aufgehoben. Eigentlich leben wir und sie auf unterschiedlichen Planeten. Diesen Augenblick lang, fast möchte ich sagen: einen geheiligten Augenblick lang, wird uns, den Besuchern, Gemeinschaftlichkeit geschenkt. Wir Aliens, Besucher von einem anderen Stern, Atomisierte, verschmelzen mit denen, die hier ihren Ort haben. Und wer es spüren will, spürt es: Wir scheinen zwar die Reichen zu sein, tatsächlich sind wir die Verarmten, denen Gemeinschaft kaum noch erfahrbar ist. Die Besonderheit dieses Augenblicks offenbart den Reichtum der weißen Besucher als kaltes Elend, während die schwarze Armut unverhüllt ihre kommunikative Kraft zeigt. Unmittelbar darauf, draußen in der glühenden Hitze, zerfallen wir wieder in jene, die ihre Reise in klimatisierten Autos fortsetzen, und jene, die in ihr einfaches, von Hunger und Aussichtslosigkeit bestimmtes Leben zurückkehren.

Ich muss an eine Situation in einem der feinen Viertel von Windhuk, der namibischen Hauptstadt, denken. Ich warte vor dem mit Stacheldraht, Kameras und elektrischem Sicherheitszaun bewehrten eleganten Bungalow eines deutschnamibischen Architekten. Der schwarze Angestellte fegt die Wege und Treppen des gepflegten Vorgartens. Ich sitze wartend auf einer halben Betonröhre, die auf der menschenleeren Straße vor dem roten Ziegelhaus liegt. Aus jedem der Häuser, von denen aus ich sichtbar bin, knurrt und bellt ein Hund, der aus seiner Gefährlichkeit kein Hehl macht. Rottweiler und wie sie alle heißen. Würde sich eine Gelegenheit bieten, eine Tür öffnen, ich würde – das signalisieren mir die wütenden Hunde – sofort zerrissen werden. Ich bin in einer ›gated community‹. Bewehrte Einzelhäuser. Wohnort für die Weißen und die neuen schwarzen Eliten, die sich hier verbarrikadieren, weil sie befürchten müssen, sonst ausgeraubt zu werden. Selbstverhängte Isolation. Früher – so erzählt meine afrikanische Freundin, von der ich schließlich aus dieser bedrohlich-unheimlichen Situation erlöst werde, weil sie mich abholt – mussten die Schwarzen um 17 Uhr solche Wohngebiete verlassen haben. Um 17 Uhr wurden die Hunde rausgelassen. Sie waren so dressiert, dass sie sich sofort auf schwarze Menschen stürzten, die noch auf der Straße waren. Ich kann den Nachklang der alten Apartheid greifen, im Knurren und hysterischen Bellen der Hunde hören. Und sehe, dass die Apartheid nicht vorbei ist, sondern längst einer neuen Apartheid gewichen ist: Hier die

Reichen, die in ihrem luxuriösen Gefängnis leben, dort die Armen, die in Blechhütten ohne Elektrizität und fließendes Wasser leben.

Das Leben dieser Menschen im Busch ist nicht leicht. Und der bewegende gemeinsame Gottesdienst kann nicht darüber hinwegtäuschen, dass es Streit, Konflikte und vermutlich auch Gewalt in dieser Gemeinschaft gibt. Aber finden wir denn irgendetwas im deutschen Alltag, das es erlauben würde, Gemeinschaftlichkeit, Zusammengehörigkeit, jenseits der sozialen Unterschiede, jenseits der Konfliktlinien des Alltags so zu feiern wie in dieser hässlichen Halle im namibischen Busch? Der Gottesdienst endet mit einem vielstimmigen »Nkosi Sikelel' i Afrika, maluphakamis' uphondo lwayo« – Herr, segne Afrika. Möge sein Geist aufsteigen … Das Lied, das zur afrikanischen Hymne wurde, ist 1897 als Kirchenlied entstanden und heute die Hymne des ANC, des African National Congress. Es war Zeichen des Widerstands gegen die Apartheid. Einer Apartheid, die besiegt wurde, um einer neuen zu weichen.

In gewisser Weise war die Apartheid im kolonisierten Afrika ein Vorlauf, ein schrecklicher Vorlauf, aber ein Vorlauf. Jetzt wird die ganze Menschheit unseres Planeten zum Projekt einer finalen Apartheid. Auf zugleich geheimnisvolle und unverhüllte Weise setzt sich eine globale Trennung zwischen den wenigen Reichen und der wachsenden Zahl der Mittellosen, der Armen, der

Zukunftslosen durch. Bis vor einigen Jahren konnten sich die liberalen Mittelschichten in den reichen Ländern noch der Illusion hingeben, Entwicklungsprozesse würden die Unterschiede zwischen den sogenannten Entwickelten und den Unterentwickelten allmählich zum Verschwinden bringen. Das stellt sich inzwischen als eine vollkommene Illusion heraus. Die Habenichtse werden niemals alle so leben können wie die Konsumenten im Norden, dafür sind überhaupt nicht hinreichend Ressourcen vorhanden. Die an ein hohes Konsumniveau Gewöhnten werden nicht freiwillig von ihrem räuberischen Lebensstil Abstand nehmen. Aber zugleich rutschen immer mehr Menschen aus der Mittelschicht, von der angenommen wurde, sie werde wachsen und wachsen, aus dem Wohlstand heraus. So ist die Kinderarmut in Deutschland angekommen: Rund 21 Prozent aller Kinder leben über mindestens fünf Jahre oder wiederkehrend in einer Armutslage. »Kinderarmut ist in Deutschland ein Dauerzustand«, sagt Jörg Dräger, Vorstand der Bertelsmann Stiftung. »Wer einmal arm ist, bleibt lange arm.«[35]

Immer wieder werden die absurden Zahlen in unterschiedliche Bilder gefasst: Die 62 reichsten Menschen der Welt würden in einen einzigen Reisebus passen. Sie besitzen so viel Vermögen wie die 3,5 Milliarden ärmsten Menschen. Die Weltwirtschaftskrise hat die Reichen reicher gemacht, die Armen ärmer. Die 62 Geldsäcke im Reisebus können einen gewaltigen Krisen-Wohlstandszuwachs verbuchen. Der umfasst eine halbe Billion Dollar. Sprengt das unsere Vorstellungskraft? Was würde eigentlich passieren, wenn dieser Reisebus von der Straße abkommt und in einen Abgrund fällt? Aber die Allerreichsten fahren natürlich nie gemeinsam unter einem Dach. Während die Geldberge der Reichen wachsen, ist gleichzeitig das Vermögen der ärmeren Hälfte der Weltbevölkerung in den vergangenen Jahren um eine Billion Dollar geschrumpft – obwohl die Bevölkerung in dieser Zeit erheblich zugenommen hat. Sie verloren in der Krise ihre Häuser, ihre Ersparnisse und ihre Jobs.[36] Das Bild von den 62 Superreichen ist verführerisch: Es erweckt den Eindruck, das Elend der Welt könne zum Verschwinden gebracht werden, wenn man der 62 habhaft werden könnte. Aber sie sind natürlich nur die Köpfe einer Ökonomie, die ihnen selbst über den Kopf gewachsen ist.

Die alten Entwicklungsillusionen sind an der brutalen Wirklichkeit zerschellt. Die Weltwirtschaft ist eine »Weltwirtschaft für das eine Prozent« geworden, gegen die kein Kraut gewachsen ist. Einem Prozent der Menschheit – so sagt Oxfam in einer Studie – gehört faktisch bereits ein Vermögen, das mehr umfasst als das der restlichen 99 Prozent der Menschheit. Diese Superreichen kommen aus Demokratien und Diktaturen, es sind Unternehmer, Investoren, Oligarchen, Prinzen oder Erben.[37] Oxfam unterstreicht: Der Trend zur Konzentration von Vermögen in der Hand weniger

Menschen beschleunigt sich. Steueroasen spielen eine entscheidende Rolle in diesem Konzentrationsprozess, der Oxfam zufolge noch von einem »kaputten Wirtschaftssystem« befördert wird, untermauert von Deregulierung, Privatisierung und finanzieller Geheimniskrämerei.

Ich kann mir diese Dimensionen nur mit Begriffen wie »absurd«, »apokalyptisch«, »verliebt in den Untergang« anschaulich machen.

Gibt es einen Ausweg aus dieser Lage? Kann ich mir etwas Rettendes vorstellen? Oder ist diese neue Apartheid tatsächlich die Realisierung eines globalen Gefängnisses, in dem die unübersehbaren Heerscharen von Verarmten – im Süden wie im Norden – auf die Fütterung mit synthetischem Brei angewiesen sind?

Nadine Gordimers großer, im Jahr 1979 erschienener Roman »Burgers Tochter« ist aus der Apartheidpolitik des Polizeistaates Südafrika erwachsen. Er erzählt von der Heldin Rosa, einem Mädchen mit einer besonderen »Krankheit«. Ihre Krankheit besteht darin, das Leiden anderer Menschen unmöglich ignorieren zu können. Zur sogenannten Gesundheit des Menschen in der südafrikanischen Apartheid gehörte es, Leid und Unrecht, das der schwarzen Bevölkerung angetan wurde, nicht zu beachten. Zur »Gesundheit« in der gegenwärtigen späten Industriegesellschaft gehört es ganz offensichtlich, sich daran zu gewöhnen, dass Tausende Menschen auf der Flucht nach Europa im Mittelmeer ertrinken. Dass Europa unsichtbare Sklaven in fernen Ländern zur Verfügung stehen, die seine Nahrung und seine Kleidung produzieren. Dass sich die Lebensbedingungen von Menschen in den armen Ländern infolge der Klimaveränderung verschlechtern, deren Verursacher wir mit unserem konsumistischen Lebensstil sind. Ivan Illich hat es so zugespitzt: »Das Industriesystem kommt nicht ohne Untermenschen aus: ohne seine Juden, Frauen oder Neger.«[38] Heute sind es afrikanische Frauen, die Schnittblumen ernten. Kongolesische Kinder, die nach seltenen Erden graben, indische Männer, die Mülldeponien durchsuchen – um nur einige zu nennen. Von einer goldverbrämten Apartheid spricht Illich, die zur Grundlage des Industriesystems gehört. Dieses westliche System kann nicht ohne die räuberische Ausbeutung von Ressourcen, ohne Billigstarbeitskräfte existieren. Und auch nicht ohne die Fähigkeit, das Leiden anderer zu ignorieren. Nur auf der Welle dieser Ignoranz lässt sich ein unbeschwertes Leben führen. Von einer kranken »Gesundheit« spricht Ivan Illich. Man könnte auch von Kälte, von Empathieunfähigkeit sprechen, von Blindheit gegenüber dem Unrecht und dem Leiden, auf dem die postindustrielle Gesellschaft, in der wir inzwischen leben, ihre Fundamente errichtet hat. Manchmal werden uns Augenblicke geschenkt, in denen sich die Blindheit für eine kurze Zeit verflüchtigt. In der Geschichte von Abdul zum Beispiel. Abdul ist in einem dieser Schlauchboote, die wir aus den

Nachrichten kennen, aus Syrien in Richtung Europa ge-
flüchtet. Das Boot ist gekentert, von den 65 Menschen
in dem Boot haben 15 die Küste Griechenlands schwimmend erreicht. Eine Frau, dem Untergang schon nahe,
hat Abdul ihr Baby entgegengestreckt. Er hat es nicht
genommen, hat es nicht nehmen können, weil er nur
sich selbst schwimmend retten konnte. Wie wird Abdul
mit dieser Geschichte sein Leben leben? Die Einzelge-
schichte, Abdul, die Mutter, das Baby ergreifen mich.
Verschaffen eine Ahnung, was dieser tausendfache Tod
im Meer wirklich ist. Und dennoch trinke ich meinen
Kaffee. Und dennoch werde ich diesen Tag planmäßig
absolvieren. Als wäre nichts geschehen. Vielleicht ist
das das Geheimnis unseres gesellschaftlichen Zusammenhaltes: die Fähigkeit, Empfindsamkeit abzutöten,
sodass ich ordnungsgemäß weiterleben kann, obwohl
diese Geschichte mit dem ertrunkenen Baby eigentlich
die moralischen Grundlagen des Abendlandes zerstört
hat.

Gesellschaftsstaub. Psychostaub

Yggdrasil: Das war in der nordischen Mythologie der
Name einer Esche, die als Weltenbaum den gesamten
Kosmos verkörpert und damit die gesamte Schöpfung
abbildet. Yggdrasil steht im Zentrum des Kosmos und
verknüpft alle Welten miteinander. Als *axis mundi*, als

Weltachse, verbindet der Weltenbaum den Himmel, die Erde und die Unterwelt. Und er stützt das Himmelsgewölbe. Die Welt reicht überhaupt nur so weit, wie Zweige und Wurzeln des Weltenbaums reichen – und die Schöpfung besteht nur so lange, wie der Weltenbaum besteht. Yggdrasil verkörpert insofern die *Raumzeit* und ist zugleich Sinnbild des Lebens: Werden und Vergehen umfasst der Weltenbaum ebenso wie die Wiedererneuerung des Lebens.[39]

Belächeln wir unsere Vorfahren, die solche Gedanken hatten, deren Gedanken um den Zusammenhalt der Welt kreisten und für die der Zusammenhang der Welt geradezu ›fassbar‹ und erfahrbar war? Wahrscheinlich ist die Frage schon falsch: Der Zusammenhang war das Gegebene, das nicht bezweifelt wurde und worauf alles ruht. Das Gute, das Schöne und das Heilige waren in diese kosmische Figur des Weltenbaums noch undifferenziert eingelassen, sie waren gewissermaßen noch nicht geboren und zu eigenen Gestalten geworden, sie hockten embryonal im Stamm des Weltenbaums. Unsere Vorfahren hatten einen anderen Blick auf die Welt. Ja, es geht noch weiter: Jeder einzelne Baum galt den Alten sogar als Seelensitz. Weil der Baum eine Seele hat, bittet der Holzfäller den Baum, den er fällen will, vorher um Verzeihung. Die Axt lässt ja das Blut des Baumes hervorquellen.[40] Der Baum ist keine Ressource.

Schaue ich auf die gegenwärtige Politik in Deutschland, dann ist sie von der Frage nach Integration und Inklusion getrieben. Wie lassen sich christliche Mehrheitskultur und islamische Minderheitskultur miteinander versöhnen? Yggdrasil, das Bild von einer ursprünglichen Verbundenheit, fällt da ganz aus der Zeit. Überfremdungsängste verschärfen die drohende gesellschaftliche Spaltung, und man muss eher gegenseitige Verhärtung als Versöhnung befürchten. Ob die Krisen, die bevorstehen, eher die kulturellen Abgründe vertiefen oder den Zusammenhalt stärken: Das kann heute keiner wissen. Warum fragen wir nicht unsere teuerste Bildungseinrichtung, die Universität, um Rat: Wie retten wir den Zusammenhalt? Wie begegnen wir den Krisen? Aber können wir von dieser konkurrenzgetriebenen, überlasteten Einrichtung Antworten erwarten?

Das Ideal einer ganzheitlichen Wissenschaft war für Plato eine selbstverständliche Voraussetzung seines Denkens und Forschens. Davon kann heute in der Universität keine Rede mehr sein. Es geht in der Konkurrenz der Fächer um Geld, um Karrieren, um den Exzellenzstatus und um Ranking. Wissenschaft ist geschrumpft auf das, wofür es Geld gibt. Ansehen genießt, wer Geld, Drittmittel, herbeischafft. Die gegenseitige Verachtung ist inneruniversitär noch stärker geworden, stärker als das Interesse an Kooperation. Keiner weiß, was der andere eigentlich macht, aber dass es nichts taugt, davon ist jeder überzeugt. Naturwissenschaftler zumal schauen in aller Regel auf die ›soften‹ Geistes- und Sozialwissenschaften herab und sähen sie am liebsten dem Aushungern preisgegeben. Die Theologie natürlich zuerst. Nur da, wo gemessen wird, wo exakte Daten erhoben werden, ist heute – so sollen wir glauben – Wissenschaft. Die *universitas* als Ort gemeinsamen Denkens ist verschwunden und einer Verwaltungseinheit gewichen, in der keiner mehr neugierig ist und sich alle hyänenhaft um die Fressnäpfe streiten. Die Spezialisierung – eine tödliche Krankheit des Jahrhunderts – fordere mehr Opfer als Cholera und Pest und alle Seuchen, so hat es der russische Mönch und Physiker Pawel Florenski schon 1908 notiert: »Einer kennt nur noch die elliptischen Integrale, ein zweiter das Radiothorium, ein dritter die Chemie einer Unterart der Eiweiße usw.«[41] Das war also schon vor hundert Jahren zu sehen, und nun sind wir bei völliger Zersplitterung angekommen. Ganzheitliche Wissenschaft? Ein Scherzartikel.

Florenski spricht davon, dass an die Stelle des Zusammenhangs ein *seelischer Atomismus* getreten sei, und meint damit nicht nur den Menschen: Die Natur zerfalle in miteinander nicht verbundene Dinge. Wer sieht den Wald und nicht nur Bäume? Wald ist für viele längst eine Ansammlung von zählbaren und nutzbaren Baumstämmen, der seine Einheit verloren hat und damit nichts Lebendiges mehr ist. »Ich frage Sie, gibt es viele, die dem Wald diese Einheit zugestehen, d.h. eine lebendige Seele, dem Wald im Ganzen, als *Wald-Geist*, als

Wald-Schrat, als *Wald-Kobold*?«[42] Das Ensemble von Bäumen kann als System aufgefasst werden, aber nicht als etwas Lebendiges mit einem inneren Leben. Kindheitserinnerungen: Für städtische Kinder war der Wald ein anziehender und zugleich unheimlicher Ort, in dem es rauschte, in dem man sich verirren konnte und wo es geschehen konnte, dass man plötzlich ein Reh sah oder Pilze und Beeren fand. Auf jeden Fall ein lebendiger Zusammenhang: faszinierend, undurchschaubar und gefährlich. Statt Yggdrasil dominiert heute die Fichte, die zur Ressource degradiert wurde. So wie es den Wäldern ergangen ist, so ergeht es gerade den Menschen: Ihre sozialen Zusammenhänge sind der Zerstörung preisgegeben. Der Einzelne ver›fichtet‹, wird zur Ressource; Zusammenhang, Gemeinschaft, Kohäsion stören nur.

›Er sieht den Wald vor lauter Bäumen nicht‹, sagt man von einem, der den Zusammenhang zu erkennen nicht im Stande ist. »Es ist als ob die närrischen Menschen den Wald vor lauter Bäumen nicht sehen könnten; sie suchen, was ihnen vor der Nase liegt, und was sie bloß deswegen nicht finden, weil sie sich in einer Art von Schneckenlinie immer weiter davon entfernen«, so der Dichter und Aufklärer Christoph Martin Wieland.[43]

Die Grundlagen des inneren Lebens sieht Florenski erschüttert, den Zusammenhang zerstört. Das Heilige, das Schöne, das Gute und der Nutzen bilden keine Einheit mehr und können nicht mehr zusammengedacht werden. »Das Heilige von heute ist scheu und drückt sich in einen verborgenen, niemand mehr nützenden Winkel der Seele. Die Schönheit ist untätig und verträumt, das Gute nötigend, der Nutzen, der berüchtigte Götze unserer Tage, unverschämt und grausam. Das Leben ist zerstäubt.«[44] Darum sei die Psychologie eine Psychologie ohne Seele, weil den Menschen angeblich keine Seele mehr innewohne, sondern an ihrer statt ein psychischer Strom, ein Bündel von Assoziationen, psychischer *Staub*.

Moment mal bitte, halt! Halt!, möchte man rufen: Wie soll ich mir das vorstellen? Ich könnte mir einen mittelalterlichen Benediktinermönch denken, der zwischen dem nächtlichen Chorgesang in der Kirche und der Arbeit auf dem Acker oszilliert. Da verknüpfte sich vielleicht das Heilige und das Schöne und das Gute und der Nutzen zu einem gelungenen alltäglichen Leben?

Uns scheint nur mehr eine recht hilflose Antwort auf die Frage nach deren Zusammenhalt einzufallen: Wir müssen sie neu zusammensetzen. »Man nimmt eine Marmorstatue und zermahlt sie« zu feinstem Staub. Und schafft dann, um sie als Ganzes, als einen materiell verwirklichten Wert der Kultur zu erkennen, aus diesem Staub das Ebenbild der zerstörten.[45] Die Gesellschaft und das Individuum werden in der spätkapitalistischen Moderne also zu Staub zermahlen, um sie dann administrativ neu zusammenzusetzen. Zu einer steuerbaren Gesellschaft, zum steuerbaren Individuum. Ein Prozess der Verrohstofflichung wie bei der

Marmorstatue. Das droht: dass Gesellschaft und Individuum zu Staub zermahlen werden, um beide dann zu einem roboterhaften Neuen zusammenzusetzen. Man könnte auch sagen: Die Gefahr besteht, dass sich Gesellschaft und Individuum selbst abschaffen, sich gewissermaßen in die Mühle stürzen, um, wie Max und Moritz zu Hühnerfutter zermahlen, einer entfesselten Verwaltung zu dienen, die sich ihre funktionierenden Einheiten schafft. Zusammenhalt wird zu einem chemisch-mathematischen Planungsprojekt, das alles, was die Menschen zu Menschen und die Gesellschaft zu einem schützenden Ort gemacht hat, verrät: die Seele, die Sehnsucht, die Liebe, den Schmerz.

Resümee: Geht alles schief? Wird alles gut?

100 Millionen Chinesen waren bis zum Jahr 2015 als Touristen in anderen Ländern und Kontinenten auf Reisen. Das sagt Kishore Mahbubani, Professor für Politikwissenschaft in Singapur.[46] 100 Millionen Menschen werden bis zum Jahr 2030 gestorben sein, wenn die Durchschnittstemperatur so steigt wie zuletzt, sagt der Schriftsteller Ilja Trojanow.[47]

1980 gab es noch keinen chinesischen Tourismus. Für Kishore Mahbunani sind 100 Millionen chinesische Touristen ein Beleg für die Vorurteile der Menschen im

Westen, wo Chinesen noch immer vor allem als Menschen wahrgenommen werden, die unter einem repressiven und harten kommunistischen Regime leiden. Aber wäre dies wahr: Würden sich dann 100 Millionen Chinesen Fernreisen erlauben können? Und das noch stärkere Argument: Würden 100 Millionen chinesische Touristen freiwillig nach China zurückkehren, wenn sie wirklich zu Hause unterdrückt würden?

Ilja Trojanow verweist auf Daten aus einer Untersuchung von Dara, der deutschen Registrierungsagentur für Sozial- und Wirtschaftsdaten, die 20 Regierungen in Auftrag gegeben hatten: »Wenn die globalen Durchschnittstemperaturen so steigen wie zuletzt, werden bis zum Jahre 2030 mehr als hundert Millionen Menschen an den direkten Folgen – Dürre, Trinkwassermangel, Ernteausfall, Armut und Krankheit – sterben. 100 Millionen sind keine Bagatelle, nicht die Folge eines Verkehrsunfalls auf der Inntalautobahn. 100 Millionen sind mehr als die Opfer beider Weltkriege«, sagt Ilja Trojanow. Warum wissen wir darüber nichts? Hollywood und andere popkulturelle Industrien haben uns doch seit Jahren daran gewöhnt, der Apokalypse ins Auge zu blicken. Unsere Unkenntnis dieser Zahlen liegt wohl eher in einem »Nebensatz« des Berichtes: »Mehr als 90 Prozent dieser Toten werden Bewohner von Entwicklungsländern sein.«[48] Es wird uns nicht treffen.

Aber ganz sicher kann man nicht sein. Professor Mahbunani sieht den Westen im freien Fall. »Has the West
lost it?« heißt sein Buch. Man könnte übersetzen: »Ist es
aus mit dem Westen?« Vielleicht ist in einigen Jahren
oder Jahrzehnten der Westen längst eine ökonomisch
verwüstete Region, in der die Menschen unter Arbeitslosigkeit, Aussichtslosigkeit und Mangelernährung leiden, weil ihnen China und Indien die Arbeitsplätze, den
Wohlstand, den Nahrungsmittelüberfluss genommen
haben? Millionen Chinesen auf Reisen, die das Heidel-
berger Schloss, den französischen Louvre oder das römische Kolosseum besichtigen. Kulturdenkmäler, die umringt sind von verfallenden Häusern, einer bettelnden
Bevölkerung, die in löchrigen alten Wolfskin-Jacken
herumlungert, um sich, wenn es Gelegenheit gibt, auf
die Essensreste der chinesischen Touristen zu stürzen?

Kishore Mahbubani sagt: Die Vorherrschaft des Westens
ist zu Ende, und die Zukunft wird von Asien, vor allem
von China, dominiert sein. Er beginnt sein Buch »Has
the West lost it?« mit einem Zitat von Niccolò Machiavelli: »Nichts ist so schwierig und nichts so gefährlich
und unklarer in seinem Erfolg als die Einführung einer
neuen Ordnung der Dinge.« Warum fühlt sich der Westen so verloren? Die Antwort – so Mahbubani – ist einfach: Zu Beginn des 21. Jahrhunderts hat die Geschichte
plötzlich eine andere Richtung genommen. Es hat sich
alles geändert, aber im Westen will das niemand sehen.
Vom Jahr 1 bis zum Jahr 1800 waren China und Indien

die größten Ökonomien der Welt. Danach hat Europa die Führungsrolle übernommen, Amerika ist dann auch dazugekommen. Die letzten 200 Jahre waren ein Hakenschlag, eine historische Abweichung von diesem gewohnten Tatbestand. Solche Abweichungen kommen vor, aber sie kommen auch immer irgendwann an ihr Ende. Und genau das geschieht jetzt: Die westliche Dominanz bricht ab. Noch einmal zitiert Mahbubani Machiavellis »Fürsten«: Erfolgreich, sagt Machiavelli, wird der sein, der seine Aktionen dem Zeitgeist anpasst. Wer sich dem Zeitgeist aber nicht anpasst, der wird nicht erfolgreich sein. Es gibt indessen keine überragende Figur im Westen, die den Mut hat, diese Anpassungen an die neue Zeit zu vollziehen. Und darum geht diese Ära westlicher Vorherrschaft in der Welt zu Ende. Die einfachen Menschen im Westen können diesen kommenden Umschwung bereits in ihren Knochen fühlen – und auf dem Arbeitsmarkt spüren sie ihn längst. Die Jugendarbeitslosigkeit betrug im März 2018 in Griechenland 42,3 Prozent, in Spanien 35 Prozent, in Italien 31,7 Prozent, in Frankreich 21,5 Prozent.[49] Im Phänomen Trump, im Brexit, in den Erfolgen rechtspopulistischer Kräfte in Polen, Ungarn, Österreich und Italien, in den Wahlsiegen der AfD in Deutschland verschaffen sich diese Ängste öffentliche Aufmerksamkeit: »America first«, Trumps Devise, findet in vielen Variationen (Polen! Ungarn!) Nachahmer. Wer glaubt eigentlich, dass ein solcher Rückfall in die egoistische Kleinstaaterei Erfolg haben kann? Es ist der Tod des Westens auf Raten.

Das Problem ist: Die westlichen Eliten spüren den kalten Wind der neuen Zeiten nicht, wenn sie in ihren SUVs oder chauffierten Limousinen sitzen. Das haben Eliten so an sich. Das war im untergehenden Rom angesichts des Ansturms der Vandalen und Goten so, und heute ist es nicht anders. Für den Senator mit Purpurstreifen an seiner Toga fühlte sich die Welt in der sanft schaukelnden Sänfte genauso an wie vorher. Dass es mit ihm und der römischen Weltherrschaft bald aus sein würde, konnte er getrost ignorieren. Nur ein leicht melancholisch-pessimistischer Grundton trat angesichts der gedeckten Tische (gestopfter Kapaun, gefüllte Ferkel) und vom roten Wein leicht betäubt zutage. Eines solchen luxuriös-pessimistischen Untertons bedienen sich auch die westlichen Eliten, kritisiert Mahbubani. Gern schaut man apokalyptische Filme an und klagt über Krisen, Klima und Katastrophen. Aber die Vorhänge sind zugezogen.

Vielleicht müssen wir uns die Stimme dieses asiatischen Wissenschaftlers erst einmal anhören? »Eine glücklichere Menschheit ist im Entstehen. Es ist keine Übertreibung zu sagen, dass wir uns vielleicht schon am Rande Utopias befinden. Warum feiern wir das nicht?«, sagt Mahbubani und verweist unter anderem auf Malaysia als eines der erfolgreichsten Länder weltweit. 1958 lag die Armutsrate bei 51,2 Prozent. 2012 liegt sie bei 1,7 Prozent. Malaysias Mittelklasse ist zwischen 1990 und 2008 um 6,5 Millionen Personen gewachsen.

1967 kamen 25 Autos auf 1000 Menschen, jetzt sind es 240. Die Zahl der Besitzer von Smartphones wuchs von 51 Prozent im Jahr 2014 auf 71 Prozent im Jahr 2016. Diese Entwicklungen werden von westlichen Medien ignoriert, die die »News« beherrschen und die ganze Welt mit ihrem Pessimismus infizieren.[50]

Es wird nicht nur alles gut, sagt Mahbubabi, sondern es ist schon alles gut.

- Die globale Gewalt nimmt ab: Die Zahl der Toten, die in Kriegen gefallen sind, lag in den 1950er Jahren bei 65 000 pro Jahr, sie lag 2006 bei weniger als 2000.
- 1950 lebten drei Viertel der Weltbevölkerung in extremer Armut, 1981 waren es 44 Prozent. Im Jahr 2016 ist die Zahl unter 10 Prozent gesunken.
- Im Jahr 1800 konnten 120 Millionen Menschen Lesen und Schreiben, heute sind es 6,2 Milliarden.

Johan Norberg, Senior Fellow am Cato Institute, einer der einflussreichsten Denkfabriken der USA, resümiert: Wenn jemand im Jahr 1990 gesagt hätte, dass in den kommenden 25 Jahren der Welthunger um 40 Prozent abnehmen und die Kindersterblichkeit halbiert werde, dass extreme Armut um drei Viertel schwinden würde, hätte man ihn einen naiven Trottel genannt. Aber der Trottel hätte recht behalten: Denn genau das ist geschehen.[51] An genau diesen messbaren Fortschritt glauben in Amerika weniger Menschen als an Astrologie oder

Wiedergeburt. »Das Goldene Zeitalter ist jetzt«, so schreibt Norberg in »The Spectator« im Jahr 2016. Norberg geht davon aus, dass in unserem Misstrauen und Pessimismus die Gene der Jäger und Sammler, die den Horizont nach immer neuen Gefahren absuchten, wirken. Tatsächlich ist es ganz anders. 1981 lebten noch neun von zehn Chinesen in absoluter Armut, heute ist es nur einer von zehn. Die Hälfte der Weltbevölkerung lebte 1981 ohne Zugang zu sauberem Wasser. Heute haben 91 Prozent Zugang. Das bedeutet: Im Durchschnitt haben jeden Tag 285 000 Menschen neu Zugang zu sauberem Wasser erhalten. Unser Problem ist – Norberg zufolge –, dass sich mit wachsendem Reichtum unsere Toleranz gegenüber der globalen Armut verringert. Obwohl extreme Armut in der Welt von 37 Prozent auf 9,6 Prozent gesunken ist. Die Themse, die von Benjamin Disraeli schon im 19. Jahrhundert als eine stinkende Kloake bezeichnet wurde (»a Stygian pool reeking with ineffable and intolerable horrors«), war 1967 biologisch tot. Heute ist sie wieder gesund und Lebensraum verschiedenster Fischarten. Öl in die Weltmeere gegossen? Die Menge ist seit 1970 um 99 Prozent gesunken. Neue Wälder entstehen, selbst in China und Indien. Und Technologie – so Norberg – hilft, die Folgen der globalen Erwärmung abzumildern.

Trotz alledem sehen wir die Welt zu Grunde gehen. Das liegt daran, dass wir negativen Nachrichten mehr Aufmerksamkeit schenken als positiven. Und es hängt mit der Tatsache zusammen, dass wir in alternden Gesellschaften leben. Im Alter neigt man dazu, die Jugendzeit zu vergolden.[52]

Es ist wohl wichtig, sich diese Stimme anzuhören. Sie streichelt unsere finster gestimmte Seele, wenn sie gebetsmühlenhaft den Satz wiederholt: »Alles wird gut.« Aber Vorsicht: Sie ist ganz zukünftig, gegenwartslos. Sie ist blind gegenüber dem real existierenden Leiden, gegenüber den Prozessen des Zerfalls von wärmender Gemeinschaft zugunsten einer kontrollierenden, planenden, die Zukunft kolonisierenden Steuerungszentrale.

Die neuen Tugenden, die wir brauchen

Ich träume von dem Intellektuellen als dem Zerstörer der Evidenzen und Universalien, der in den Trägheitsmomenten und Zwängen der Gegenwart die Schwachstellen, Öffnungen und Kraftlinien kenntlich macht, der fortwährend seinen Ort wechselt, nicht sicher weiß, wo er morgen sein noch was er denken wird, wie seine Aufmerksamkeit allein der Gegenwart gilt ...

MICHEL FOUCAULT[53]

Kein neuer Tugendkatalog würde uns nützen. Die alten Autoritäten und ihre Lust an Vorschriften sind vergangen.

Wir brauchen aber dringend neue Wege. Wir finden sie in der Anknüpfung an die klassischen Tugenden.

Doch die neuen Tugenden sind keine fremden Setzungen, sondern Ereignisse zwischen Personen.

Sie entstehen in der Begegnung mit dem anderen, ob er schwarz ist oder weiß, Christ oder Muslim, Mann oder Frau.

Die Destabilisierung unserer Gewissheiten verunsichert uns – ob wir nun an den wankenden gesellschaftlichen Zusammenhalt denken oder auf die Trümmer zerbrochener Tugendkataloge schauen. Aber diese Destabilisierung macht auch Freiheit und Aufbruch möglich. Kein Weg führt zurück in die starr-stabilen Zeiten. Gemeinschaft und Tugend sind verflüssigt. Und damit vielleicht weggespült. Aber die Aufgabe besteht darin, im Prozess, in der Verflüssigung, das wiederzufinden, was uns zu leben und zu lieben ermöglicht. Die sehnsüchtigen Worte, die uns wie ein Floß durch den reißenden Strom tragen, sind durch die Zeiten hindurch und über kulturelle Grenzen hinweg die gleichen geblieben: »Die Frucht des Geistes aber ist Liebe, Freude, Friede, Langmut, Freundlichkeit, Gütigkeit, Treue, Sanftmut, Enthaltsamkeit«, so zählt der Apostel Paulus das Notwendige auf.[54] So ähnlich klingt es bei Mohammed und Buddha, Seneca oder Kierkegaard. Bedenkenswert sind diese ›Früchte des Geistes‹ auch noch nach 2000 Jahren. Sie sind Kontinuitäten im Fluss der Zeit. Dabei wissen wir, dass es sich nicht um verfestigte, materialisierte Charaktermöbel handeln kann, die gewissermaßen in eine Person eingelassen sind, sondern nur um Aspekte der *Beziehung zwischen Menschen*. Die neuen Tugenden sind keine Ausstattungsstücke, sondern dynamische, prozessuale, zwischenmenschliche Kräfte. Keine Betonpfeiler, sondern Ereignisse, die sich in Proportionalitäten konkretisieren: In der Beziehung zu dem oder den anderen. Auf ein Du. Und dieses Du muss nicht ein Mensch sein, sondern kann – das wissen wir heute immer klarer – auch ein tierisches oder pflanzliches Gegenüber sein.

Empfindsamkeit

Tagung in Marktheidenfeld im Seniorenzentrum. Ich komme müde an, da ich seit vier Uhr morgens auf den Beinen bin. Die offensichtlich einfühlsame Leiterin sieht meine Müdigkeit. Bis zu meinem Vortrag ist noch Zeit, so bietet sie mir ein Zimmer im Haus an, um noch ein wenig auszuruhen. Fahrstuhl zum dritten Stock. Fahrstuhl zum Schafott. Rollstühle. Eine Frau starrt und zuckt. Auch die anderen scheinen nur auf sich und ihre verlöschende Vitalität konzentriert zu sein. Stumpfsinn? Oder werden da Träume geträumt, von denen wir Pseudogesunde nur etwas ahnen können? Der Zimmerschlüssel wird gesucht. Gefunden. Die Tür wird geöffnet, ich schaue auf zwei aneinandergereihte Pflegebetten. Griffe, an denen man sich hochziehen kann. Eine Flasche Wasser, ein Glas, ein Kärtchen, auf dem Willkommen steht. Ich lege mich embryonal gekrümmt auf das Bett, versuche, die Augen zu schließen. Und meine, Alter und Tod einzuatmen. Eine Sinnestäuschung wahrscheinlich. Aber der Schlaf will nicht kommen. Was kommt, das sind die Gedanken. Wie nah bin ich dem eigentlich? Dass ich hier liege, auf Hilfe angewiesen, auf das Ende wartend? Umgeben von Stumpfsinn und Verfall? »Lehre uns bedenken, dass wir sterben müssen ...«, summt es durch den Kopf. Abhängig von der Empathie der Pflegerin, des vielleicht einzigen menschlichen Wesens, das sich mir noch zuneigt? Gierig und unbeherrscht schaue ich später auf die Gesichter von Pflegeschülerinnen, die Jugendlichkeit in den Raum bringen. Keine Abgeklärtheit, keine Weisheit in mir ...

Und dann rede ich in diesem Seniorenzentrum, in dem eine Tagung stattfindet, über Empathie. Über die Fähigkeit, sich in einen anderen Menschen hineinzuversetzen. Das Thema der Tagung: »Coolness oder Eiseskälte?« Ich beginne meinen Vortrag mit der Erinnerung an ein Selfie, das ich auf »Spiegel Online« gesehen habe, gerade eben im Zug, auf der Fahrt ... Ein junger Mann, er ist von hinten zu sehen, steht auf dem Bahnsteig. Weiße Bermudas, weißes T-Shirt. In seinen Händen das Smartphone, das er schräg vor sich in die Höhe hält. Damit die Szene an seiner Seite mit ins Bild kommt. Da liegt eine alte Frau, umringt von Rettungskräften, neben dem Gleis. Sie ist auf der falschen Seite ausgestiegen, ein Zug hat sie überfahren. Das Selfie mit dem jungen Reisenden: eine Ikone der Empfindungslosigkeit. Wachsen die Zonen der Empfindungslosigkeit? Müssen sich die Hilflosen fürchten? Die Behinderten, die Alten, die

Dementen ... Ich höre die Erzählung eines guten Freundes, 36 Jahre alt, behindert. Sie beginnt im Bus, abends in Gießen. Er steigt ein, sitzt hinten. Der Bus hält beim Heim für Flüchtlinge. Drei junge Männer setzen sich zu meinem Freund, bedrängen ihn, nehmen ihm das Handy aus der Hand. Sie stehlen ihm das Portemonnaie. Niemand im gut besetzten Bus mischt sich ein. Der Busfahrer, der später von der Polizei befragt wird, sagt, er habe nichts gesehen. Die Videokamera sei ausgestellt gewesen. Ich weiß nicht, ob diese öffentliche Teilnahmslosigkeit zunimmt oder nicht. Fakt ist: Die Menschen haben weggeschaut und weggehört. Das Gegenteil wäre aber das, was wir brauchen, wäre der gesellschaftliche Klebstoff, der uns zusammenhalten würde: Zivilcourage. Die Fähigkeit zu Empathie. Ich ahne, wie oft ich selber diese Zivilcourage schuldig geblieben bin. Die schmerzliche Erinnerung an die alte Frau in Wiesbaden. Sie steht in einem Hauseingang und zieht sich aus. Grässliche rosa Unterwäsche wird sichtbar. Und mehr. Vermutlich ist die Frau verwirrt, sie weiß nicht, wo sie ist, wer sie ist. Vielleicht hätte sie meine Zuwendung gebraucht, aber ich bin weitergegangen, beschämt.

Vielleicht fängt ein neuer Tugendkatalog damit an: mit der Schärfung unserer Sinne für Situationen, in denen wir von anderen gebraucht werden? In diesen kleinen Vignetten der Begegnung zwischen Menschen? Wenn uns die Hilflosigkeit oder die Bitte begegnen. Ich bin in Eile, mein Zug fährt gleich. Und dann steht da dieser Verkäufer mit der Obdachlosenzeitung. Und ich nehme mir nicht die Zeit, den Euro zu suchen, den ich brauchte, um die Zeitung zu kaufen. Oder die Frau auf dem Flughafen, die die Müllbehälter nach Pfandflaschen absucht. Sie sieht wie eine verlassene Großmutter aus. Müde. Traurig. Soll ich ein Gespräch mit ihr beginnen? Soll ich ihr Geld schenken, oder würde ich sie damit beschämen? Und mich. Bettelnde Menschen erinnern mich an meine Wohlsituiertheit. Sie tasten sich an meine Seele heran, sie kratzen an meinem Gewissen. Und ich gehe weiter oder bleibe stehen. Aber sie schenken mir etwas: das Gefühl der Berührtheit. Sie rühren mich an. Sogleich ahne ich, dass Empathie keine Einbahnstraße ist, sondern aus der Gegenseitigkeit wächst. Und plötzlich weiß ich, dass solche Menschen Engel auf meinem Weg sein können.

Das ist die Schwierigkeit mit neuen Tugenden, über die wir nachdenken wollen. Es sind keine donnernden Sätze, mit denen sie verkündet werden. Sie kristallisieren sich heraus, zum Beispiel in der Begegnung mit dem in seinem Rollstuhl zuckenden Spastiker. Oder in der Begegnung mit meiner italienischen 95-jährigen Nachbarin. Sie hat alles vergessen, sie ist hilflos, aber irgendwie willensstark und auch ein bisschen starrsinnig. Sie erkennt niemanden mehr, ein ichbezogenes Wrack. »Wahrlich, wahrlich, ich sage dir«, beginnt der biblische Satz: »Als du jünger warst, gürtetest du dich selbst und wandeltest, wohin du wolltest; wenn du aber alt geworden bist, wirst du deine Hände ausstrecken, und ein anderer wird dich gürten und dahin führen, wohin du nicht willst.«[55] Die alte Dina, unvermeidlich ein Objekt der Pflege, schürt in mir die Angst, es könne mir eines Tages auch so gehen. Aber sie lässt sich auch als eine Wegbereiterin zur Erkenntnis verstehen. Sie knackt meine Seele. Und das Unglaubliche ist, dass sie das nicht macht, sondern durch ihre schiere Existenz bewirkt. Sie lässt mich verstehen, dass Empathie keine Tugend ist, die ich mir wie einen Orden umhängen kann, sondern ein Ereignis, das mir zustößt, wenn ich offen dafür bin.

Der buddhistische Mönch, Autor und Biologe Matthieu Ricard weist auf die natürliche Verbindung der drei Dimensionen Nächstenliebe, Empathie (Resonanz mit dem Leid eines anderen) und Mitgefühl hin: »In der altruistischen Liebe manifestiert sich Empathie, wenn man mit dem Leid von Lebewesen konfrontiert wird. Diese Konfrontation generiert dann das Mitgefühl (den Wunsch, dieses Leid und seine Ursachen zu beenden). So wirkt Empathie wie ein Prisma und verwandelt altruistische Liebe in Mitgefühl.«[56]

Es geht nur mit ›Umsonstigkeit‹

Empathie ist vielleicht sogar die wichtigste neue Tugend in einer vom Wahn des Konsums, des Geldes und der bezahlten Leistung beherrschten späten Moderne. Aber diese Tugend muss unbedingt um eine zweite Kardinal-

tugend ergänzt werden. Ivan Illich hat sie ›Umsonstigkeit‹ genannt. Kein schönes Wort, aber eines, das gewissermaßen das Hauptleiden in dieser späten Moderne
benennt: dass alles vergeldlicht ist und selbst noch die
intimste Beziehung bedroht. Es geht um die Wiederge-
winnung von Umsonstigkeit, sie allein bietet die Möglichkeit, ein schönes und gutes Leben zu führen. Sie
kann nur aus mir fließen, wenn die Möglichkeit durch
dich, durch ein Du, eröffnet wird. Umsonstigkeit ist das,
was früher wohl als Gnade bezeichnet worden wäre. Die
Gnade allein vermag die vertrockneten Seelen in einer
von instrumenteller Zweckrationalität durchdrunge-
nen Gesellschaft wieder zum Leben zu erwecken.[57]

Die Erinnerung an eine Erfahrung, die mir in Äthiopien
geschenkt wurde, ist für mich ein Beispiel solcher ›Umsonstigkeit‹ aus alten Zeiten, die ihre Schönheit und
ihre Wirkung bis heute strahlend entfaltet.

Es gibt diese Augenblicke in unserem Leben, wo sich
etwas, was sich in uns ausgebrütet hat, plötzlich meldet
und sich entfaltet.

In Äthiopien, in Lalibela, habe ich etwas begriffen.
Der Ort ist nach dem König Lalibela benannt, der vor
achthundert Jahren hier im Hochland Äthiopiens mit
einem imposanten Ensemble von Kirchen ein neues
Jerusalem zu schaffen versuchte. Jerusalem war zur
Zeit Lalibelas von Muslimen eingenommen worden.
Vielleicht haben die aus Jerusalem vertriebenen Tem-
pelritter mitgewirkt an diesen Bauten, die 1978 von

der UNESCO zum Weltkulturerbe erklärt worden sind. Noch immer ist Lalibela von inbrünstigem religiösem Leben erfüllt. 100 000 Pilger kommen zum Epiphaniasfest hierher. 600 Priester wirken in den Kirchen, die im Grunde nicht erbaut, sondern aus Felsen herausgehauen worden sind. Mit dem Meißel haben sich die Menschen in die Erde vertieft, sogar einen Jordan ins rote vulkanische Tuffgestein gegraben. Zehn Meter hoch ragen die Wände des Flussbettes auf, an denen man die Spuren der Meißel deutlich erkennen kann. Überwältigt steht man vor den monolithischen Kirchen, die aus einem Ganzen herausgemeißelt wurden. Frei stehend oder noch mit dem Felsen verschmolzen, liegen sie da. Sie erheben sich nicht aus der Landschaft, sondern der Besucher schaut vom Felsrand auf sie hinab, denn ihr Dach schließt gewissermaßen mit dem Felsen ab. Während zu dieser Zeit in Europa die Gotik ihre Kirchen in immer lichtere Höhen streben lässt – filigran, lichterfüllt –, kauern diese Kirchen in der Erde, im Boden. Sie sollen, so sagt die Tradition, von Engeln gebaut worden sein, weil Menschen ein solches Werk gar nicht vollbringen könnten. Wie haben sie das gemacht, die Erbauer, diese Umkehrung alles Gewohnten? In die Tiefe meißelnd, schälte sich allmählich der Block heraus, kunstvoll verziert. Nicht genug damit wurde danach das Innere des Blocks ausgehöhlt, es entstanden Rundbögen, Fenster, Säulen, Pfeiler. Tausende müssen es wohl gewesen sein, die versucht haben, ein göttliches Werk aus dem Felsen zu hauen.

Hatten sie den Plan im Kopf? Hatten sie das Bild dieser unterirdischen Kirche in ihrer Seele? Entwickelte sich der Plan? Hatten sie vielleicht Modelle? Teilweise sind die Kirchen nur durch in den Felsen gehauene schmale Gänge zu erreichen, die das Gefühl erwecken, in einem Geburtskanal zu stecken. Bet Giyorgis zum Beispiel, die Kirche des heiligen Georg, die am besten erhalten ist. Der Gang zur Kirche wirkt auf den Besucher wie ein Weg in eine völlig andere Spiritualität. Im Halbdunkel sitzt der Priester, in ein zartweißes Tuch gewandet. Ein großes, vielfältig ausfaserndes Kreuz in den Händen. Die Trommeln liegen da und warten ebenso wie die Rasseln darauf, im Gottesdienst gehört zu werden. Mit einem kleinen Stein schlägt der Amhare, der uns führt, auf einen großen flachen Felsbrocken, und so entsteht ein zarter, klarer Ton, ergreifend und fast schöner als eine Kirchenglocke. Ich finde mich in einem Labyrinth von Tunneln und Kirchenräumen wieder, einer unterirdischen spirituellen Welt. Die ist dem Felsen abgerungen, nein, nicht abgerungen, sondern sie ist in ihm erspürt worden. Empfindsamkeit für den Felsen und für all die Möglichkeiten, die er birgt. Ist es ein bäuerliches Denken, das dem Boden nicht die Früchte, sondern seine spirituellen Möglichkeiten entlockt? Getrieben von himmlischen Sehnsüchten, vielleicht von Demut gegenüber dem, was unter uns ist. Vielleicht wollte man den chthonischen, den unterirdischen Mächten näher kommen? Wir Modernen durchwühlen den Boden nur nach seinen Schätzen und reißen seine Ressourcen an uns, wir rauben ihm alles, was uns nützlich zu sein verspricht. Nicht zuletzt das Erdöl, das so etwas wie das Blut der Erde ist. Und da irgendwo ist die Trennlinie zwischen denen, die mit dem Meißel diese spirituellen Schätze entstehen ließen, und uns, deren Verstand nicht weiter reicht als bis zur Gier nach den blanken Bodenschätzen. Lalibela ist ein – wie man heute sagen muss – ökonomisch völlig sinnloses Projekt. Ich stelle mir Tausende Menschen vor, die an diesem Werk beteiligt waren, viele nicht freiwillig. Diese Kirchen sind nichts wert, sie sind nicht verkäuflich, sie bringen keinen Gewinn. In dieser Umsonstigkeit aber sind sie ein wahrer Tempel.

In unserer Zeit ist Geld das alles bedeutende, das einzige Element, der einzige Wert, der geblieben zu sein scheint und der alles andere in die Flucht geschlagen hat. Menschen, Tiere, Pflanzen, Landschaftsräume, Meere, Flüsse, Berge, kurz alles, was uns umgibt, verliert seinen Eigenwert vor dem Geld. Jeder muss, schreibt Eugen Drewermann, »sich selbst zu Markte tragen und dareinwilligen, allein danach taxiert zu werden, was sich mit seiner Arbeitskraft verdienen läßt«. Gezwungen wird jeder »in die totale Veräußerlichung von allem, was er ist, denkt, fühlt, wünscht, tut«.[58]

Die Erde unter den Füßen

Wir leben in einer Zeit der Entkörperung. Digitalisierung heißt die Parole in der Universität, in der Politik, in den Medien, in der Schule, eigentlich überall. Die Zukunft des Standorts Deutschland stehe auf dem Spiel, heißt es. Digitalisieren bedeutet – so die Parole – zukunftsfähig werden. Und so wird die Digitalisierung vorangetrieben. Über der Erde in Clouds abgelagert und unter der Erde, wo Glasfaserkabel und Breitbandausbau auf der Agenda stehen. Man könnte fragen: Was sagen eigentlich die Geister, die unter der Erde wohnen, dazu, dass sie nun im unterirdischen Kabelgewirr feststecken? Und was die Engel, die nun neben sich die Datenwolken durch die Sphären schweben sehen? Digitalisierung: Keiner würde wagen zu widersprechen. Digitalisierung gibt sich alternativlos. Aber sie führt eben auch unweigerlich zum Verlust von Welt und Fleisch. Ivan Illich, der ehemals weltberühmte Kulturkritiker, hat es in einem Brief an einen Freund beschrieben: »Früher, da verließ man die Welt beim Sterben. Bis dahin stand man in ihr. Wir gehören beide zur Generation derer, die noch ›auf die Welt‹ gekommen sind und die jetzt doch bedroht sind, bodenlos zu sterben. Wir – ungleich anderen Generationen – haben den Bruch mit der Welt erlebt.«[59] Sinnliche Wirklichkeit verschwindet in digitalen Bildern, die Welt wird zu einer alles umfassenden und erfassenden PowerPoint-Präsentation. Alle sinnliche Erfahrung ist von Kunststoffpolstern, wie man sie in Autos findet, überzogen. Die Digitalisierung von Bibliotheken, Papyri, Kulturdenkmälern, Musik, Bildergalerien wiegt uns in Sicherheit. Es ist ja alles gut aufgehoben. Einen UNESCO-Mitarbeiter hörte ich neulich fragen: Wann wird der Augenblick kommen, in dem die Menschen die Software nicht mehr kennen, die den Zugang öffnet? Und wie gefährdet sind diese virtuell gespeicherten Daten eigentlich? Können sie über Nacht urplötzlich alle gelöscht sein? Darüber hinaus wird in diesem Prozess die Entkörperung geradezu bedrohlich fühlbar. Was passiert da eigentlich, wenn wir die Kathedrale von Chartres oder van Goghs »Nachtcafé« erfolgreich in einer Datenwolke gesichert haben? Was wird aus den Steinen und den Glasfenstern der Kathedrale und was aus der van Gogh'schen Leinwand, auf der die blauen und gelben Farben des Nachtcafés geradezu ›begreifbar‹ vor uns leuchten? Ivan Illich wagt einen kühnen Vergleich. »Ich merke es, wenn ich zu jungen Leuten über die Auferstehung vom Tode spreche: Ihre Schwierigkeit besteht nicht in einem Mangel an Vertrauen, sondern in der Entkörperung ihrer Wahrnehmung, in ihrem Leben in konstanter Ablenkung vom Fleisch.«[60] Dass man Menschen ein neues Herz einsetzen kann. Dass man an ihrem genetischen Material herumexperimentieren kann. Dass Gemüse heute auch ohne Erde im Hochhaus produziert wird. Dass Milliarden Menschen in einem Säulendiagramm darstellbar sind. Signale der Entkörperung. Der Horizont des Menschen wird mit Darstellungsmöbeln verrammelt.[61] Und die Reichweite der Sinne schrumpft dabei kontinuierlich. Die Entkörperung, das Verschwinden des Fleisches und die Zerstäubung der Welt: Das Drama ist, dass das kaum noch spürbar ist. Man muss sich Zeit nehmen und sich darauf einlassen, wenn man etwas von dieser Entkörperung erfahren will: »Wir müssen die Erde unter den Füßen spüren und nicht nur auf dem Planeten stehen.«[62] Neue Zeiten, neue Tugenden: Nennen wir sie Sensibilität, Erdbewusstsein. Alles, was geschieht, will uns von diesem Gefühl, von dieser Empfindung, von dieser Erfahrung ablösen. Menschen, die im Weltraum spazieren gehen; »Star Wars«, die Serie, die die Erdenbindung systematisch aufgelöst hat; Supermärkte, die den Eindruck verfestigen, das Essen käme aus dem Regal und nicht aus dem Boden. Flugreisen, die uns binnen Stunden in andere Kontinente versetzen; Medien, die uns noch das letzte Nashorn aus vier Meter Entfernung zeigen. Diese Entwicklungen gehören ja zu unserem Leben und sind nicht wieder zurückzunehmen. Aber sie treiben uns in die Entkörperung – und nehmen uns die Gegenwärtigkeit. Ein mir befreundeter Zu-Fuß-Geher hat es mir immer wieder gesagt: Welterfahrung gibt es nur im Gehen, in der Berührung mit dem Boden. Und die verschwindet immer mehr, weil natürlich das Joggen und der Marathonlauf nur spezielle Ausdrucksformen stressiger Entkörperung sind. Der Boden wird dabei zum Laufband und verschwindet als Boden.

»Peer Gynt«, Henrik Ibsens Drama, ist die Geschichte eines Mannes, dessen Leben voller Irrungen und Wirrungen ist. Etwas Faustisches ist an ihm. Aber während Goethes Faust seine Seele dem Teufel überschreibt, der ihm die wahre Welt öffnen soll, ist Peer Gynt ein Nichtsnutz, der seine Nichtsnutzigkeit zur Heldengeschichte verklärt. Wie Faust geht er in die Welt hinaus, und wie dieser ist er größenwahnsinnig und narzisstisch, beherrscht von der Gier nach Macht, Reichtum und Frauen. Waffenschiebereien und Sklavenhandel machen ihn reich, aber er stürzt durch Fehlschläge wieder in die Armut. Er landet schließlich im Irrenhaus in Kairo. Faust ist an seinem Lebensende zum skrupellosen Unternehmer geworden, physisch und geistig verblendet macht er sich noch in seinen letzten Worten Illusionen: »Es kann die Spur von meinen Erdentagen / Nicht in Äonen untergehn.« Peer Gynt dagegen zieht ein resigniertes, verzweifeltes Resümee seines Lebens. An Leib und Seele heruntergekommen, ist Peer nun heimgekehrt. Er sucht im Wald nach Essbarem und gräbt eine Zwiebel aus. Die Zwiebel wird ihm zum Gleichnis für die Stationen seines Lebens und für sein Scheitern.[63]

Du bist eine Zwiebel, nicht mehr.
So, und jetzt wollen wir dich einmal schälen, mein Peer!
(Nimmt die Zwiebel, zieht Schicht um Schicht
    herunter)
Da außen die rissige Haut der Knolle –
Das ist der Gescheiterte auf der Jolle.
Die Passagiers-Pelle hier; hm – recht dünn, wie ein Lack –
    hat doch eine Spur von Peer Gynt im Geschmack.

Denn das Goldgräber-Ich, das nimmersatte;
Der Saft ist weg – wenn es je welchen hatte.
Und dieses Dickfell, so hart und zäh?
Der Pelzjäger ist's von der Hudson-Bay (…)
Hier der Altertumsforscher, wahr und wahrhaftig.
Und hier der Prophete, ganz frisch und saftig;
Er stinkt zum Himmel vor lauter Lügen,
dass man Wasser davon in die Augen kann kriegen.
Diese Haut, die sich weichlich zusammenrollt,
ist der Herr, der in Freuden verprasste sein Gold. (…)
Das nimmt ja kein Ende! Lage um Lage!
Tritt denn der Kern endlich zutage?
Nein, soll man es glauben – da ist ja keiner!
Nichts als Schalen – nur immer kleiner und kleiner!
Die Natur ist witzig![64]

Und was hat das nun mit Tugenden zu tun?

Über Jahrhunderte, ja über Jahrtausende hinweg wuchs die Tugend buchstäblich aus dem Boden. Sie entstand aus dem, was *ethos* war. Das ist ein griechisches Wort und bezeichnet ursprünglich »das Gewohnte«. Das, was einmal Sitte genannt wurde, fand seinen Ursprung wiederum im Umgang mit dem Boden, dem Ackerbau, der ja bekanntlich im Lateinischen *cultura* hieß. Was die Menschen überleben ließ, war also die Sitte: der Respekt vor den Grenzen des Nachbarn; die Selbstverständlichkeit, in der Not zu helfen; die Ehrfurcht vor dem Boden, der die Nahrung hervorbrachte; die Klugheit, mit der für das kommende Jahr und die nachfolgenden Generationen gesorgt wurde; die Bereitschaft, das Dorf gemeinsam zu verteidigen. In alldem schimmern die klassischen, die aus dem Boden erwachsenen antiken Tugenden durch. Diese lebensvollen Tugenden, die den Menschen nicht übergestülpt wurden, sondern in ihnen als Notwendigkeiten gewachsen waren, werden zu leeren Hülsen, wenn die Menschen den Kontakt zum Boden verlieren. Ein Verweilen in den Grenzen der *conditio humana* ist ohne Bezug auf den Boden nicht möglich. Die Grenzenlosigkeit, die uns heute zugrunde zu richten droht, ist ein Produkt der Bodenlosigkeit. Haben wir noch ein Gefühl dafür, dass wir aus der Erde kommen und in die Erde zurückkehren werden?»… bis du wieder zur Erde werdest, davon du genommen bist« (1. Mose 3,19). Selbstbeschränkung, ohne die der Mensch physisch und moralisch nicht überleben wird, ist eine Bodentugend. Sie entsteht, wenn wir die Erde unter den Füßen spüren, und nicht, wenn uns dieser Boden nur mehr zur Ressource gereicht, wir ihn samt unserem Planeten als Managementprojekt betrachten. Die Tugenden sind heimatlos geworden, sie irrlichtern umher wie Elmsfeuer, die die Seeleute früher an den Masten gesehen haben.

Wo ist das Land der Hoffnung?

Die großen alten Bilder sind es, die wir neu in Augenschein nehmen müssen. Die Bibel berichtet vom Auszug aus Ägypten, von der Wanderung Israels durch die Wüste auf der Suche nach dem gelobten Land. Wird der Auszug aus unserem Ägypten so aussehen, dass sich irgendwann eine kleine reiche avantgardistische Gruppe von Menschen auf den Weg macht, eine Flotte von Raumschiffen besteigt und den ruinierten Planeten hinter sich lässt? Ich fühle mich an die Bilder vom Abzug der französischen Kolonialmacht 1954 aus Dien Bien Phu erinnert. Der Krieg war verloren. Auf dem Botschaftsgebäude ein Hubschrauber, um die letzten Verbündeten auszufliegen. Verzweifelte Hilfeschreie derer, die keinen Platz mehr ergattern konnten. Arme fuchtelnd in die Höhe gestreckt, während der Hubschrauber abhebt. Werden sich so die Zurückbleibenden schreiend und heulend um die Raumschiffe scharen, die den Planten hinter sich lassen? Milliarden Erdbewohner, die ersticken oder verdursten oder verhungern oder erfrieren, weil sie die Erde so zugerichtet haben, dass sie kein Leben mehr erträgt? Zuletzt nur noch die Herrschaft von *Warlords*, die um den Besitz der riesigen Maisplantagen kämpfen, die immer weniger, kümmerliche Früchte abwerfen und doch das Letzte sind, was dem Boden überhaupt noch abzuringen ist ... Wahrscheinlich ist, dass sich eine kleine Elite, die das Wissen und das Geld an sich gerafft hat, Überlebensinseln baut. Elektronisch und mit Stacheldraht hoch gesichert. In sauberer, aber künstlicher Atmosphäre, auf synthetische Bionahrung eingestellt, autarke kleine Überlebensareale. Aber vielleicht gibt es Menschen, die an den verlorenen Orten zu überleben und etwas aufzubauen versuchen. In ehemaligen Braunkohlerevieren, auf leergepumpten Ölfeldern, in verwüsteten Landschaften, in nuklear verseuchten Arealen, auf nitratvergifteter Erde, wo Kinder, wenn denn welche geboren werden, mit Krankheiten und Beschädigungen leben müssen.[65]

Der schottische Philosoph Alasdair MacIntyre hat mit aller Vorsicht eine Parallele zwischen dem Ende des Römischen Imperiums und unserer Zeit gezogen. Er beschreibt eine Zeit der Wende, in der Männer und Frauen das Römische Reich nicht länger stützen wollten. Sie hörten auf, den Fortbestand der Zivilisation und der moralischen Gemeinschaft mit dem Fortbestand des römischen Imperiums gleichzusetzen. Stattdessen begannen sie, neue Formen der Gemeinschaft aufzubauen, in denen das moralische Leben aufrechterhalten werden konnte. Sie wussten eigentlich nicht wirklich, worauf es hinauslaufen sollte. Aber sie hatten begriffen, dass es neuer Formen der Gemeinschaft bedürfe, um der heraufziehenden Barbarei und Finsternis zu begegnen.[66] MacIntyre sieht uns heute in ähnlicher Lage. Was zähle, das sei die Schaffung lokaler Formen von Gemeinschaft, »in denen die Zivilisation und das intellektuelle und moralische Leben über das neue finstere Zeitalter hinaus aufrechterhalten werden können, das bereits über uns gekommen ist«.[67] Der Vergleich mit dem Römischen Imperium findet da, so MacIntyre, seine Grenze: »Die Barbaren warten heute nicht jenseits der Grenzen, sie beherrschen uns schon eine ganze Weile«, sagt er. Damals, als das Römische Reich zu versinken begann, zogen Frauen und Männer aus den Städten in die Wüste, gründeten klösterliche Gemeinschaften, die erst ganz allmählich ihre Form fanden und mit der sie begannen, die Welt umzuformen. Die Tugend und der Ackerbau, so kann man sagen, waren die tragenden und vorwärtstreibenden Momente. »Wir warten nicht auf Godot, sondern auf einen anderen, zweifelsohne völlig anderen Heiligen Benedict«, sagt MacIntyre. Es wird vielleicht eher keine einzelne Person sein, sondern etwas, was schon als Gemeinschaft auf den Weg kommt. Es wird etwas sein, was den räuberischen Konsumismus hinter sich lässt. Was mit Bescheidenheit und mit weniger, viel weniger Reichtum zu tun hat. Mit Menschen, die sich nicht fundamentalistisch auf überkommene Tugenden stützen, sondern ein neues Tugendkapitel aufschlagen. Die etwas verstanden haben von dem unerschöpflichen Reichtum seelischer Kräfte, die sich tatsächlich aus der Besessenheit der Herrschaft des Geldes befreit haben und in den rauchenden Trümmern des Kapitalismus freundschaftlich neu beginnen.

Das Ende des weißen Mannes

Ich bin hineingeboren in eine Welt, in der er die domi-
nante Weltfigur war, der weiße Mann: in der Politik,
in der Wirtschaft, in der Familie, im Krieg, im Auto,
im Verein, im Sport, am Stammtisch, in Afrika und auf
dem Mond, in der Mode, in der Massenkultur – eben
überall. Von Harvey Weinstein bis Donald Trump, von
Lech Kaczyński bis Viktor Orbán, von Jens Stoltenberg
bis Emmanuel Macron: Sie waren immer dabei und
sind es irgendwie immer noch. Aber ihre Macht bröckelt. Vielleicht wird der Sturz Harvey Weinsteins vom
Medienmogul zum Angeklagten, der in Handschellen
vorgeführt wird, rückblickend zur Wasserscheide, die
den Zusammenbruch des Imperiums der weißen Männer ankündigte. Und das macht sie panisch. Sie haben
das Desaster angerichtet, das wissen sie. Sie waren die
Anstifter, die verwöhnten, erfolgsgewohnten Macher.
Von der Umweltverschmutzung bis zum gewaltsamen
Klimawandel – ihre Spur ist sichtbar: Im sich rasch be-
schleunigenden Artensterben, in eruptiven Kriegen, inmitten der sozialen Erosion in den reichen Gesellschaften und in der weltweiten Migration: Wenn man genau
hinschaut, haben sie immer ihre Finger im Spiel.

Sie waren stets dabei, sie haben die ökonomischen,
politischen und kulturellen Weichenstellungen be-
sorgt. Und sie werden angesichts der drohenden Krisen
immer mehr zum Inbegriff der Handlungsunfähigkeit.
In seinem futuristischen Roman »2312« erklärt der ame-

rikanische Autor Kim Stanley Robinson die Zeit zwischen 2005 und 2060 zur »Zeit des großen Zauderns«. Längst ist das Sonnensystem besiedelt, die Erde wird als hoffnungslose Jauchegrube beschrieben, in der unwirksame Rettungsversuche unternommen werden. Systemzusammenbrüche folgen, die angesichts der artenübergreifenden Verelendung den Exodus in einen längst balkanisierten Weltraum erzwingen.[68] Das ist sie, die Zeit des großen Zauderns. Die einen leugnen die Krisen und kündigen Klimaabkommen auf, die anderen schließen ihre Staatsgrenzen und verkriechen sich in Traditionshöhlen, in denen die Decke, längst von Rissen durchzogen, zu bröckeln beginnt. In diesen Traditionshöhlen leben die Menschen mit Tracht, Religion und Twitter unter der Devise: Bloß nicht hingucken. Reparieren, Löcher stopfen. Aussitzen. Die Weltgesellschaft als Bierzeltidylle.

»Wer oder was hätten Sie gerne sein mögen?«, wird der Journalist Jan Fleischhauer gefragt. »Eine schwarze, lesbische, muslimische Frau, die das Ende des weißen Mannes einläutet.«[69] Ob ihm das wirklich gefallen würde, sei dahingestellt, zumindest lenkt er den Blick auf das bevorstehende Ende des weißen Mannes. Vielleicht hält der sich noch länger als gedacht, weil er über die Waffen, die Skrupellosigkeit und die Erfahrung verfügt. Und es wird wohl auch nicht die schwarze, lesbische, muslimische Frau sein, die ihn in die Knie zwingt. Vandana Shiva vermutet nicht ohne gute Gründe, dass wir in ein Zeitalter der Diktatur hineinrutschen.[70] Vielleicht eine sanfte, digitale Diktatur, deren Protagonisten nicht wie Schnurrbart-Erdoğan oder wie der geföhnte Trump aussehen, sondern eher smart, lächelnd wie der Facebook-Chef Mark Zuckerberg oder der Amazon-Besitzer Jeff Bezos? Wir leben inmitten der sechsten großen Auslöschung auf dieser Erde, sagen die Biologen. Kann das noch jemand stoppen?[71]

Die Situation, in der wir uns vorfinden, hat eine lange Vorgeschichte, und sie ist mit westlicher Philosophie und einem pervertierten westlichen Christentum verbunden. Im Kern hat diese destruktive Entwicklung mit der uns selbstverständlich gewordenen Auffassung von der Natur zu tun. Diese Natur wurde als großartig, aber auch als passiv und mechanisch begriffen. So beschreibt es die kalifornische Anthropologin Anna Lowenhaupt Tsing.[72] Natur war die Kulisse, vor der sich der Aufstieg und die Herrschaft des weißen Mannes abspielten, sie war die »Quelle für die moralische Intentionalität des Menschen, der sie zugleich zu zähmen und zu beherrschen wusste«.[73] Die Natur als ein eigenes Wesen, als eine Mensch und Welt beeinflussende Kraft – die kam nur noch in den Mythen und Geschichten indigener Völker vor – »primitiv« nannten die »Herren der Welt« diese afrikanischen, amerikanischen oder asiatischen »Eingeborenen«. Diese arrogante Dichotomie hat drastische Ergebnisse hervorgebracht. Die Versuche, die Natur zu zähmen und zu beherrschen, haben inzwischen unübersehbare katastrophale Folgen, sodass es fraglich ist, ob das Leben auf der Erde eine Zukunft hat. »Unsere zügellose Präsenz untergräbt die moralische, von christlicher Männlichkeit geprägte Intentionalität des Menschen, die ihn von der Natur abspaltete«, resümiert Anna Lowenhaupt Tsing.[74]

Inzwischen hat ein revolutionäres Umdenken begonnen: Biologen und Ökologen haben angefangen, der Tatsache Aufmerksamkeit zu schenken, dass für das Leben auf dem Planeten ein Zusammenspiel von zahlreichen Lebensformen erforderlich ist. Der Mensch könne, so die kalifornische Anthropologin, nicht überleben, wenn er auf allem anderen herumtrampelt. Den anderen Arten, den vom Menschen verschiedenen Lebewesen, müsse endlich der Status zugebilligt werden, der bisher nur dem Menschen zugesprochen worden sei. Dann könnten alle Kreaturen wieder am Leben teilhaben, dann könne eine zu eng gefasste Rationalität aufgebrochen werden: Die neue, andere, wiederentdeckende Auffassung von Natur müsse dann nicht mehr in nächtlichem Flüstern geheim bleiben, sondern könne der Tatsache Raum schaffen, dass es ein Wunder ist, dass es noch Leben gibt, obwohl wir, die Menschen, so viel Unheil angerichtet haben.

Die orientierenden Erzählungen, mit denen wir bisher gelebt haben, sind verstummt. Wir erwarten weder ein goldenes Zeitalter noch das Reich Gottes am Ende der Geschichte, nicht einmal mehr die klassenlose Gesellschaft. Geblieben scheint uns allein die quasi religiöse

Idee des Wachstums. Wachstum in alle Richtungen und auf allen Ebenen überbietet damit die eschatologischen Projektierungen der Menschen.

Es muss ein völlig anderer Ansatz her, ein neuer Weg muss gesucht und gefunden werden. Einen bemerkenswerten schlägt Anna Lowenhaupt Tsing vor: In den Ruinen sei nach neuem Leben zu suchen. Wo die Ausbeutung der Ressourcen zerstörte Landschaften hinterlassen hat, wird eine neue Gemeinschaft möglich, die sich vom Wachstumswahn befreit und Selbstbegrenzung zu ihrer wichtigsten gemeinschaftstiftenden Tugend erhoben hat.

Die Kunst des Sammelns. Die Kunst des Unterlassens

Am Anfang war das Gemüse. Wenn wir auf die Kulturgeschichte des Menschen zurückschauen, dann fing sie nicht mit den Jägern, sondern mit den Sammlerinnen an. 65 bis 80 Prozent dessen, was Menschen in prähistorischen, neolithischen und paläolithischen Zeiten gegessen haben, waren Saatkörner, Wurzeln, Sprossen, Schösslinge, Blätter, Nüsse, Beeren, Früchte, ergänzt durch Käfer und Weichtiere, manchmal auch durch Vögel, Kaninchen oder Ratten. Fünfzehn Stunden brauchten sie in der Regel in der Woche, um satt zu werden: mehr nicht.[75] Der Philosoph Hans Blumenberg hat in seiner Betrachtung über die »Höhle« davon gesprochen, die Männer in diesen Urzeiten könnten die Frauen mit ihren Jagderzählungen so gelangweilt haben, dass diese irgendwann begannen, die Höhlenwände mit Zeichnungen zu bedecken. Den Beginn der Kreativität und Kunst vermutet er eher bei den Frauen als bei den Männern. Es ist jedenfalls merkwürdig, dass der Mammutjäger unsere Phantasien und Bilder von diesen Paläozeiten mehr beherrscht als all die anderen Menschen. Dabei waren es wohl vor allem die Frauen, die mit dem Sammeln befasst waren und zum Leben Entscheidenderes beitrugen als die Jäger. Die Geschichte, wie jemand eine Beere nach der anderen vom Strauch pflückt, kann nicht konkurrieren mit der Geschichte vom Jäger, der mit seinem Speer das Mammut aus nächster Nähe ins Herz zu treffen versucht. Eine Heldengeschichte. Die amerikanische Autorin Ursula Kroeber Le Guin erzählt eine Gegengeschichte. Sie vertritt eine Carrier Bag Theory, eine Theorie der Tragetasche.[76] Und die kommt so zustande: Wenn jemand sammelt, dann braucht dieser Jemand ein Behältnis, um das Gesammelte aufzubewahren. Dies war, so kann vermutet werden, das erste ›Gerät‹, das die Menschen mit sich trugen. Der Anfang der Kultur war also ein Behältnis. Le Guins Bild des männlichen Helden reicht dagegen vom Mammutjäger bis zum Piloten, der die Atombombe auf Nagasaki wirft, ja, bis zum Science-Fiction-Helden, dessen Raketen das Reich des Bösen vernichten. Sie beschreibt eine Heldengeschichte des Mannes und seiner Geräte, in der die

Frau fast zwangsläufig als defizitär und nebensächlich erscheint. Was sie in die Kulturgeschichte bringt, ist der Sack, der Korb, ein Behältnis aus Rinden oder Blättern, vielleicht ein Netz, geflochten aus dem eigenen Haar. Vielleicht aber kommen die Heldengeschichten vom Töten, vom Vergewaltigen, vom Hauen und Stechen jetzt an ihr Ende, vielleicht, so erwägt Le Guin, ist es an der Zeit, die nicht erzählten Geschichten zu erzählen, weil sich die »killer story« heute gegen uns selbst zu wenden beginnt. Die Hochtechnologie, die das kontinuierliche Wachstum voraussetzt und zugleich antreibt, schreibt nun die bedrohlichen Heldengeschichten. Triumphale Herkules-Geschichten, die heute in die Selbstvernichtung zu führen scheinen. Der Mensch, der Mann, der die Erde, den Weltraum, die Aliens, den Tod und die Zukunft erobert, führt uns in eine apokalyptische Zukunft, in einen Holocaust, wie Le Guin formuliert. Wenn wir hingegen damit beginnen, den linearen, progressiven techno-heroischen Weg zu vermeiden, dann ist es an der Zeit, Technik und Wissenschaft neu zu definieren – nun als eine kulturelle Tragetasche und nicht als eine potenzielle Waffe.

Was Le Guin vorschlägt, ist ein Rettungsversuch: Schluss mit den Heldengeschichten, die in die Selbstvernichtung führen. Die Perspektive einer kulturellen Tragetaschentheorie besiegelt das Ende der verhängnisvollen Dominanz des (weißen) Mannes. Sie beschwört einen Zusammenhang herauf, der mit einer Kultur des Sammelns und Sorgens verbunden ist, die an die Tradition, die Geschichte, die Kultur weiblicher Tätigkeiten anknüpft und nicht an die Tradition der Speere, der Schwerter, der Kalaschnikows, der Bomben, der Killerroboter. Mag dies bedeuten, dass auch die Tugenden einen weiblichen Charakter erhalten? Nicht wenige der neuen Tugenden sind weiblich. Die Sanftmut. Die Freundschaft. Die Liebe. Die Gelassenheit. Die Güte. Die Treue. Die Selbstbegrenzung. Die Einfachheit. Die Empathie.

Der Traum vom wahren Leben

Es gibt einen schwierigen Satz des Parmenides aus Elea. Der griechische Philosoph und Vorsokratiker verstand das *Sein* als unteilbare Einheit: Das Sein lässt in sich keine Vergänglichkeit, keine Verschiedenheit und keine Vielheit zu. Es ist – wie Parmenides sagt – das ewig gegenwärtige Ganze. Das Sein – und jetzt kommt dieser schwierige Satz, über den nachzudenken und zu meditieren sich lohnt –,»es war nie und es wird nie sein, weil es im Jetzt vorhanden ist als Ganzes, Eines, Zusammenhängendes.«[77]

Spricht Parmenides von der Sehnsucht nach Gegenwärtigkeit, nach der unverstellten Erfahrung des Hier und Jetzt, die nicht zerfasert ist? Dann ist diese Seinserfahrung nicht in Geschichte verstrickt (»es war nie«)

und giert nicht nach dem, was kommt: »Es wird nie sein.« Denn das Sein ist jetzt und hier vorhanden als Ganzes, Eines, Zusammenhängendes. Das ist der Traum von einer ursprünglichen Harmonie, einer ursprünglichen Innigkeit, einer friedlichen Ureinheit. Es gibt die schöne afrikanische Geschichte von dem Kürbis, in dem Mann und Frau friedlich beieinanderliegen. Dann geraten sie in Streit, der Kürbis wird in zwei Teile gespalten, woraus Himmel und Erde entstanden.

Das Ganze, das Eine, das im Jetzt aufleuchtet, macht für diesen einen ekstatischen Augenblick die Fülle des Lebens erfahrbar. Einen Abglanz davon können wir in tief empfundener Liebe erfahren, beim Aufgang der Sonne, beim Hören eines Liedes von Leonhard Cohen oder beim Lesen eines Gedichtes von Arthur Rimbaud. Als Abglanz dessen, was die Religionen »Erleuchtung« nennen. Die Augenblicke der Erkenntnis sind es, von denen die Heiligen aller Religionen sprechen, und es sind die Augenblicke, in denen radikale Gegenwart erfahren wird. Wenn das Sein so verdichtet ist, dass es alles andere zum Schweigen und zum Verschwinden bringt. Für diese Gegenwart haben unterschiedliche Religionen unterschiedliche Worte und Bilder gesucht und manchmal gefunden. Moses, der seinen Gott im brennenden Dornbusch sieht. In einem Dornbusch, der nicht verbrennt.[78] Solche Augenblicke scheinen auch in der Entrücktheit der Schamanen auf oder in der Trance der Buschmänner. Der Erleuchtung des Buddha, des

Erwachten, unter dem Bodhibaum ging auch die Erfahrung voraus, dass Körper, Gedanken und Gefühle vergehen. Die Illusion des eigenen Ich hört auf. Ist das radikalisierte *Sein*, von dem Parmenides spricht, vielleicht das Gleiche wie die radikale Achtsamkeit, von der der Buddhismus redet? Die Erfahrung der schieren explodierenden Gegenwärtigkeit? Im Nachdenken darüber ist die Sehnsucht spürbar, endlich rückstandslos im Hier und Jetzt leben zu können. Und diese Sehnsucht ist verbunden mit dem Verlangen, dass die Risse des Alltags, die nicht endenden Konflikte, die immer wieder erfahrenen Leiden und das Bewusstsein der Endlichkeit des Lebens aufhören, aufhören, aufhören sollen.

Die Frage nach dem Zusammenhalt, die wir uns aufs Neue stellen, ist – wie sich bei Parmenides mit der Frage nach der ursprünglichen Ungeschiedenheit zeigt – uralt. Ist hinter all den Konflikten, mit denen wir leben, hinter aller irritierenden Vielfalt das Einfache, das Ganze, das Zusammenhängende verborgen? Wir müssen nur den Schleier wegziehen?

Bei Parmenides und bei den Erleuchteten wird nicht gefragt: Was hält uns zusammen? Wie fügen wir das Geschiedene zu einer Einheit zusammen? Sondern umgekehrt: Das Einfache, das Ganze, liegt all dem Geschiedenen, das wir sehen, zugrunde. Weil das Sein, das ›nicht war‹ und das ›nicht sein wird‹, hier und jetzt ungeteilt da ist. Wie könnte uns das Sein so erscheinen wie Gott dem Moses im brennenden und doch nicht verbrennenden Dornbusch? Es geht wohl nur, indem wir versuchen, dem Einfachen auf die Spur zu kommen.

Längst hat die Sehnsucht nach dem »Einfachen« viele Menschen erfasst. Sie leben aus der befreienden Erfahrung, dass sie all das, was auf dem Markt ist, wonach man jagen kann, nicht brauchen. Die Rückbesinnung auf das Einfache, die Erleuchtung durch das Einfache ist die letzte und im Grunde einzige Antwort auf die Frage: Was hält uns zusammen? Es ließen sich dazu viele Geschichten erzählen von Menschen, die das gelebt oder doch versucht haben, es zu leben. Franziskus von Assisi zum Beispiel, der seinem Vater den Luxus und den Reichtum vor die Füße wirft. Elisabeth von Marburg, die alle Privilegien einer Fürstin aufgibt, um mit den Armen zu leben. Es wird berichtet, dass sie am Ende in einem Kleid umherging, das aus einer Unzahl von Flicken bestand: Was hielt dieses Kleid zusammen? Oder Diogenes in seiner Tonne, der nichts brauchte. Und natürlich Henry David Thoreau, der in seiner Hütte in den kanadischen Wäldern das einfache Leben ausprobierte.

Bedrohte Gefühle

Eine Seminarsitzung. Ich habe eine Kollegin aus Ruanda eingeladen, die über die schrecklichen drei Monate in Ruanda berichtet. In dieser Zeit, vom 6. April bis Mitte Juli 1994, haben Angehörige der Hutu-Mehrheit etwa 75 Prozent der Tutsi-Minderheit getötet. Schätzungen gehen von 800 000 bis 1 000 000 Ermordeten aus. Die Kollegin berichtet konzentriert, beinahe bestürzend ruhig und sachlich. Ihre Familie ist dem Genozid fast gänzlich zum Opfer gefallen, sie selbst hat sich – zu dieser Zeit eine junge Frau – im Busch in einem Erdloch versteckt. Während ihres Vortrags schickt eine Studentin unablässig WhatsApp-Nachrichten. Ein Student blättert in Fotokopien, die er für eine andere Veranstaltung durchsieht. 1994 – das wird so etwa das Geburtsjahr derer sein, die da im Seminar sitzen. Sie sind im zeitlichen Umfeld dieses Verbrechens geboren, es ist ihre Zeitgenossenschaft. Die Erzählung der Kollegin aus Ruanda geht mir unter die Haut. Ich hatte damals natürlich darüber gelesen, Filme gesehen, aber es blieb ein fernes Geschehen. In dieser Erzählung, die ich jetzt höre, rückt das Unvorstellbare näher, ich bekomme eine Gänsehaut, wenn ich an das Menschenschlachten mit Messern, an das Verstümmeln und Verbrennen von Tutsis denke. Wie war das möglich? Was war geschehen?

Ich denke darüber nach, ob ich die beiden so offensichtlich unbeteiligten Seminarteilnehmer anspreche. Der Zorn droht mich zu übermannen. Ich sage nichts, unterdrücke den Grimm. Später, am Ende, kommentiere ich die Frigidität der beiden. Haben sie die Worte der Frau aus Ruanda nicht hören können? Ich kommentiere, ohne die beiden zu nennen oder direkt anzusprechen. Aber ich verlasse die Veranstaltung und frage mich, ob bei uns in Deutschland eine neue Stufe der inneren Kälte und der äußeren Verrohung erreicht ist. Ist es vielleicht richtig, was der österreichische Schriftsteller Ernst Ferstl gesagt hat? »Wir erfahren immer schneller und genauer, was auf der Welt vor sich geht. Und merken langsam, dass uns immer weniger davon nahegeht.«[79] Vielleicht werden die persönlichen Worte der ruandischen Kollegen auch vom medialen Rauschen übertönt. Fährt uns – angesichts ununterbrochener globaler Katastrophenmeldungen – nichts mehr unter die Haut? Halten wir es miteinander aus, weil das Desinteresse am anderen uns auf Distanz hält? Ist die ›Wurschtigkeit‹ der Stabilisator?

Der Soziologe Wilhelm Heitmeyer untersucht seit 2002 Haltungen in unserer Gesellschaft. Auf der Grundlage der erhobenen Umfragewerte aus dem Jahr 2010 konstatiert er, dass die Kernnormen Gerechtigkeit, Solidarität und Fairness immer stärker erodieren. So äußerten im Jahr 2010 zum Beispiel 61 Prozent der Befragten die Ansicht, in Deutschland müssten zu viele schwache Gruppen mitversorgt werden.[80] Ein Stimmungsumschwung zuungunsten der Schwachen. Dieser Wandel zeigt sich besonders drastisch in den Bereichen Gesundheit und

Soziales. Dort setzt sich seit einigen Jahren schon mehr und mehr die Orientierung am Markt und am Wettbewerb durch. Der Dienstleistungsapparat, der da aufgebaut worden ist, sperrt Persönliches und Emotionales systematisch aus. Der Umgang mit Hilfsbedürftigen orientiert sich stattdessen immer mehr an den Kosten und an messbaren Zeiteinheiten. Pfleger, die Kranke ambulant versorgen, haben einen Scanner dabei, mit dem sie jede Einzelleistung eingeben. Zuwendung, herzliche oder einfühlende Worte kann man aber nicht einscannen. Sie entfallen bei der Berechnung. Früher, so erzählt ein Pfleger, konnte man zwischen zwei Besuchen schon mal kurz an der Eisdiele halten. Das würde heute sofort auffallen. Jeder Toilettengang wird überwacht. Als sichtbares Zeichen für diesen Veränderungsprozess kann man die Karriere des Begriffs »Kunde« im Bereich sozialer Dienstleistungen nehmen. In dem Maße, wie sich der Begriff »Kunde« durchsetzt, verdrängt er die Empathie. Einfühlungsvermögen, Zuwendung, Anteilnahme: Das ist inzwischen wie ein Kropf an der eleganten, messbaren abgezirkelten Dienstleistung, der weggeschnitten werden muss. Das Mitgefühl für Alte, Kranke, Arme, Behinderte, Obdachlose, Pflegebedürftige, Geflüchtete, für Patientinnen und Patienten schrumpft und weicht dem betriebswirtschaftlichen Kalkül. Immer häufiger schleicht sich die Frage ein: »Lohnt sich das noch?« Der Typus des Selbstbestimmten und Marktfähigen setzt sich auch in Sozialkonzernen durch. Die aber, die an »effizienter Leistungserbringung«

scheitern, deren »Leistungsprofile« nichts hergeben, die sich nicht gut »verkaufen« können: Die rutschen ins Abseits einer Leistungsgesellschaft, die mit Vehemenz und aus Überzeugung das Schwache verachtet. Wer will da noch den Notruf hören, den Wolfgang Belitz formuliert: »Das Elend stellt keine Nachfrage dar, es schreit zum Himmel!« Wo sich der Begriff Kunde durchgesetzt hat, muss die Nachfrage abgefragt und stimuliert werden. Der Schrei aus dem Elend, so muss man befürchten, verhallt, wenn nur noch Kunden gehört werden. Institutionelles Handeln ist gerade im sozialen Bereich durch eine mehr oder weniger offene Diffamierung von Einfühlungsvermögen gekennzeichnet: Sie gilt als altmodisch, hinderlich, effizienzmindernd. Je deutlicher Zuwendung durch berechenbare »Leistungspakete« ersetzt wird, desto fragmentarischer, kontrollierter und knauseriger wird Hilfe. »Als eine Folge der Marktideologie und des Glaubens an Messbarkeit und Verrechenbarkeit auch im menschlichen Bereich, ist ein Klima des Misstrauens gegen alles Subjektive und Intuitive entstanden, sowie die Neigung, die sogenannte Objektivität einseitig zu idealisieren – so als gehöre Mitgefühl und Anteilnahme nicht zu einem vernünftigen Umgang mit Menschen, so als müssten Verstand und Gefühl getrennt werden.«[81] Sozialämter wechseln die Buchstaben für die Zuständigkeitsbereiche der Sachbearbeiter systematisch aus, damit keine emotionale Beziehung entstehen kann. Entscheidungen über das Schicksal von Menschen werden leichter, wenn man ihnen nicht ins

Angesicht schaut – so konstatieren die Verfasser des Soltauer Denk-Zettels. »Machen Sie es sich doch nicht so schwer. Denken Sie sich die Gesichter einfach weg«, sagt der Leiter einer Einrichtung für behinderte Menschen zu einer Teamleiterin, die darüber klagt, dass sie weitere Kürzungen weder den Behinderten noch den Mitarbeitenden zumuten könne.[82]

Günther Anders hat schon in den fünfziger Jahren des letzten Jahrhunderts angemerkt, dass uns eine »Geschichte der Gefühle« fehle. Der emotionale Apparat des Menschen werde – so Anders – für eine natürliche und unveränderbare Mitgift des Menschen angesehen. Die rasante Veränderung unserer Fähigkeiten aber, insbesondere unserer technischen Fähigkeiten, hat uns überholt. Gegenüber unserer emotionalen Kapazität ist deren Vorsprung katastrophal groß geworden. Die Welt, die wir hergestellt haben, erlaubt es uns, die Menschheit zu vernichten und den Planeten unbewohnbar zu machen. Emotional bleibt dies für uns unfassbar, da wir mit unseren Gefühlen den Entwicklungen hinterherhinken.[83] Günther Anders zufolge sind wir der Perfektion unserer Produkte nicht gewachsen: Wir stellen weit mehr her, als wir uns vorstellen und verantworten können.[84]

Es sieht so aus, als könne man den beruflichen und den privaten Alltag jetzt nur noch mit einer dicken Hornhaut überstehen. Und vielleicht sind die Gestörten, von denen es mehr und mehr gibt, solche, deren Hornhaut Löcher aufweist, die ihre Empfindsamkeit offenlegen? Die größte Anstrengung besteht heute darin: erfolgreich Nichtwisser zu sein, weil man sonst (ehe man sich's versieht) zum Mitwisser geworden ist. Nichts sehen, nichts hören, nichts fühlen: Das schützt vor den Schrecken der Welt. Tröstend und rettend sind die Geschichten, die diesen Trend unterlaufen. Manche muss man von weit her holen. Für mich ist die Geschichte von Naoto Matsumura, einem 57-jährigen ehemaligen Reisbauern, geradezu eine Heiligengeschichte. Im März 2011 zerschlug ein Tsunami die äußere Hülle des Kernkraftwerks im japanischen Fukushima. Tausende Menschen wurden aus einer 20-Kilometer-Sperrzone evakuiert. Bei ihrer hastigen Flucht ließen sie Haus- und Nutztiere zurück. Naoto Matsumura ging zurück, um seine noch immer angebundenen Hunde zu füttern. Die Menschen hatten angenommen, in ein oder zwei Wochen zurückkehren zu können. Aber die Bewohner von Tomioka, so stellte es sich heraus, würden nie wieder zurückkehren. Von da an fütterte der »Wächter der Tiere« die Hunde und Katzen. »Sie können es kaum aushalten, sie versammeln sich, sobald sie meinen Truck hören, und fangen an, wie wild zu bellen.« Überall, wo er hinfährt, begrüßt den Bauern ein Bellen, als würden die Hunde sagen: ›Wir haben Durst‹, oder: ›Wir haben überhaupt nichts zu essen.‹ In einer Entfernung von zehn Kilometern vom ehemaligen Kraftwerk lebt Naoto Matsumura jetzt. Er füttert jeden Tag die Überlebenden: fünfzig Kühe, Schweine, Katzen, Hunde und auch zwei Strauße.[85] Es ist, als würde besonders am Rande, in Krisensituationen, die Möglichkeit der Empfindsamkeit ausbrechen, explodieren wie ein scheinbar erloschener Vulkan. Auch eine Frau aus Österreich ist nach Fukushima gegangen, um die verlassenen Tiere zu füttern. Sie ist nach einiger Zeit an Krebs erkrankt und gestorben. Im Kontext unserer Gesundheitsgesellschaft sind diese beiden Menschen eigentlich als nicht zurechnungsfähig anzusehen. Für ein paar Hunde und ein paar Katzen das Leben riskieren? All dies existiert nebeneinander: der massenhafte Verbrauch von Hunden und Katzen in Forschungslabors und dann dieser Japaner und diese Österreicherin, die, umspült und gefährdet von unsichtbaren Strahlen, ihre Verantwortung für die verlassenen Tiere spüren und nicht anders können, als hinzugehen. Uns, die wir nicht so mutig und entschlossen und verrückt sind, bleibt die Aufgabe, solche Geschichten der Empfindsamkeit zu sammeln und weiterzuerzählen. Vielleicht ist das die große Aufgabe der Gegenwart: die Empfindsamkeit zurückzugewinnen in all den naheliegenden und betäubenden Einflüssen einer Gegenwart, die uns abstumpfen und blind machen will für alles, was das gemütliche Weiter so stören könnte. Die »Empfindsamkeit« – man erinnert sich – war einst eine lyrische Antwort auf die Aufklärung und ihre andere, rohe Seite. Heute erscheint die Reaktion schwieriger: Die Empfindsamkeit muss sich sehr mühselig gegen Prozesse der Verdummung und der Undurchschaubarkeit durchsetzen und ist dabei stets selbst von Verhärtung und Blockade bedroht. Bertolt Brecht hat in prophetischer Weise gespürt, welches Ausmaß die Empfindungslosigkeit annehmen kann. »Wirklich, ich lebe in finsteren Zeiten! Das arglose Wort ist töricht. Eine glatte Stirn deutet auf Unempfindlichkeit hin. Der Lachende hat die furchtbare Nachricht nur noch nicht empfangen ... Wie kann ich essen und trinken, wenn ich es dem Hungernden entreiße, was ich esse, und mein Glas Wasser dem Durstenden fehlt?«[86] Die Undurchschaubarkeit, die Empfindungslosigkeit begünstigt, hat eine Perfektion erreicht, die es möglich macht, den Alltag mit glatter Stirn durchzustehen, obwohl wir zwangsläufig an Mord, Vergiftung, Sklaverei und Ausbeutung beteiligt sind. Jeder von uns Westeuropäern führt sein Leben auf der Basis der Ausbeutung von mehreren Sklavinnen und Sklaven, deren Anblick er nicht ertragen muss, weil sie weit entfernt von uns ihre Sklavenarbeit verrichten. In Bergwerken, wo sie die Rohstoffe für unsere Handys mit bloßen Händen schürfen. In Textilfabriken, wo sie unsere Kleidung für einen Hungerlohn nähen, auf Plantagen, wo sie unser Obst und Gemüse unter menschenunwürdigen Bedingungen produzieren. Die Wiederentdeckung der Empfindsamkeit ist in jedem Augenblick möglich. Aber sie ist auch mit Anstrengung verbunden, mit der Kraftanstrengung, die Nebelzonen der Verrohung und Abstumpfung zu durchdringen.

Stellen wir uns eine beliebige Einkaufszone vor. Draußen die Ständer, an denen Jacken, Kleider, Hemden hängen, alles zu günstigen Preisen. Wenn das T-Shirt, das da am Drahtbügel hängt, erzählen könnte, würde sich seine Geschichte so anhören: »In mich ist ein Schild eingenäht, auf dem steht: 100 % Cotton. Reine Baumwolle. Die Baumwollplantage, von der ich komme, ist eine der üblichen Baumwoll-Monokulturen. Baumwolle ist für Schädlinge anfällig, 80 Prozent der Ernte würden verloren gehen, wenn nicht mit chemischen Keulen gegen die Schädlinge gearbeitet würde. 25 Prozent der weltweit eingesetzten Pestizide kommen auf Baumwollfeldern zum Einsatz. In nur einer Saison werden diese zwischen 14- und 30-mal mit Gift behandelt. Angesichts zunehmender Resistenzen werden die eingesetzten Pestizide immer aggressiver. Sie werden manchmal per Hand auf die Felder gesprüht, manchmal sprühen Flugzeuge Giftduschen auf die Felder, während die Arbeiter auf dem Feld sind. Die Weltgesundheitsorganisation schätzt, dass jährlich 10 000 Arbeiter, die auf Baumwollplantagen tätig sind, an den Folgen von Pestizidvergiftungen sterben. Andere tragen Erkrankungen der Atemwege, der Haut, der Augen und der Nerven davon, das Krebsrisiko steigt, oder Babys kommen mit Missbildungen zur Welt. Frauen und Mädchen verrichten oft die schwersten Arbeiten. Kinder pflücken die Baumwolle oder sammeln Schädlinge von den Pflanzen: Sie sind klein, darum können sie das besser. Die Pestizide wirken besonders zerstörerisch auf die noch nicht ausgewachsenen Organe von Kindern, die auf den Baumwollplantagen arbeiten.[87] Weniger als ein Prozent der Baumwolle weltweit kommt aus Öko-Produktion. Aber die Pestizidaufrüstung, die Kosten für genverändertes Saatgut und zunehmende Trockenheit infolge des Klimawandels haben bei kleinen Baumwollbauern vor allem in Indien zu Verschuldung geführt. Diese Verschuldung hat in Indien in den vergangenen zehn Jahren rund 100 000 Baumwollbauern in den Selbstmord getrieben.«

So spricht das T-Shirt. Und auch das gehört zur Geschichte dieses T-Shirts: 2720 Liter Wasser wurden verbraucht, um es zu produzieren. Für eine Jeans sind sogar 10 850 Liter nötig. Das T-Shirt könnte weitererzählen, wie aus der Baumwolle Blusen, Hemden, Shirts werden. Wahrscheinlich würde es über Myanmar, das ehemalige Birma, berichten, wohin derzeit die Textilindustrie verlagert wird: Arbeitskräfte sind in dem Land noch billiger als in China, Thailand oder Indonesien. Das ehemalige Birma gilt als das neue Bangladesch – auch was die unmenschlichen Arbeitsbedingungen angeht.

Viele Modekonzerne Europas entziehen sich ihrer Verantwortung, indem sie sich auf Zusagen der Textilproduzenten verlassen, die sie aber nicht überprüfen: Minderjährige werden beschäftigt, darunter auch Jugendliche, die noch keine 15 Jahre alt waren, als sie eingestellt wurden. Frauen und Männer arbeiten im Regelfall bis zu elf Stunden an sechs Tagen in der Woche. Fast die Hälfte der Arbeitnehmer – so hat eine Untersuchung in 12 Textilbetrieben gezeigt – haben keinen Arbeitsvertrag, oder sie wissen nicht, wie lange ihr Vertrag gültig ist.[88] »Sie denken, wir seien wie Tiere. Ich weiß, dass ich keine Rechte habe, um mich zu beschweren, also muss ich es aushalten«, sagt Ei Yin Mon, Textilarbeiterin in Myanmar. Der Mindestlohn von 2,64 Franken am Tag (!) wird oft nicht gezahlt, Überstunden werden meist nicht entlohnt. »Namhafte deutsche und europäische Konzerne wie Adidas, Aldi, Tchibo, Jack Wolfskin, H&M, GAP und Primark haben nun angefangen, Waren aus Myanmar zu beziehen.«[89] Die Konzerne betonen, dass der Mindestlohn gezahlt wird – dass dieser Mindestlohn aber unterhalb des Existenzminimums liegt, wird ignoriert. Das T-Shirt schleppt eine Geschichte der Vergiftung, der Ausbeutung, des Elends mit sich, die ihm nicht anzusehen ist.

Epilog

Ein Beispiel für Selbstbegrenzung, die sich unter schwierigsten Bedingungen mit Empfindsamkeit verbindet, ist die Geschichte von Pawel Florenski. Ein moderner Heiliger, wenn man so will, der unter den schwierigsten Bedingungen seine Gefühle, seine Empfindsamkeit, seine Lebendigkeit bewahrt hat. Er ist einer der Gründer, der Erfinder einer künftigen Gemeinschaft, die sich aus alten und neuen Tugenden speist.

Ein Straflager auf dem Solowki-Archipel, 500 Kilometer nordöstlich von Sankt Petersburg, am Rande des Polarkreises. Das Lager, das schon zur Zeit der Zaren existiert, wird zum Prototyp des sowjetischen Gulags. In diesem Lager schreibt Pawel Florenski im November 1935 einen Brief an seine Tochter Tika. Die Umstände, unter denen er lebt, sind bedrückend. »Ich lebe in einem seelischen Halbschlaf, die einzige Möglichkeit, überhaupt zu leben.« Auch die Ruhelosigkeit ist ein Albtraum: »Es ist ausgeschlossen, nur eine Minute allein zu sein.« Zwei Jahre später, am 25. November 1937, wird er zum Tode verurteilt und am 8. Dezember 1937 erschossen.[90] Florenski, dem Priester, Wissenschaftler und stellvertretenden Direktor am Institut für Elektrotechnik, wird religiöse Propaganda unter dem Deckmantel wissenschaftlicher Arbeit vorgeworfen, er gilt als Konterrevolutionär und lebt als Gefangener von 1933 bis 1937 in verschiedenen Lagern. 1958 – lange nach seiner Hinrichtung – wird er rehabilitiert. Bis zuletzt hält ihn der Satz des Apostels Paulus aufrecht: »Ich habe gelernt, worin ich bin, mir genügen zu lassen« (Phil. 4,11). Seine Briefe an die Familie, die zensiert werden, sind ergreifend schön. Und verschlüsselt. Er schreibt an seine Frau und zitiert Angelus Silesius, den »Cherubinischen Wandersmann«: »Liebe Annulja, das Vergangene ist nicht vergangen, es bleibt bestehen, es lebt ewig, aber wir vergessen es und entfernen uns von ihm, irgendwann offenbart es sich uns – als ewige Gegenwart. Wie das ein Dichter aus dem XVII. Jahrhundert gesagt hat:

Die Rose, welche hier dein äußres Auge sieht,
Die hat, von Ewigkeit in Gott also geblüht.«[91]

Florenski gelingt es unter den bitteren Bedingungen der Gefangenschaft und der Trennung von seiner Familie, seine Empfindsamkeit zu bewahren. Es sind ›nur‹ Briefe, die den Zusammenhalt mit der Familie lebendig erhalten. Ein geradezu überwältigendes Beispiel dafür ist der Brief, den er an seine Tochter Tika schreibt: »Als ich gestern in die Kantine ging, traf ich ein Füchslein, es fraß mir das Brot fast aus der Hand. Es erzählte mir (und hatte das selber von den Möwen gehört), daß ein gewisses Mädchen Angst habe, den Pflanzen wehzutun, wenn es ihnen die Blätter abschneidet. Das ist aber nicht ganz so schlimm: Die Pflanzen empfinden das wohl, aber nur undeutlich; sie empfinden beim Abschneiden der Blätter vermutlich das, was die Menschen beim Haare- oder Nägelschneiden empfinden.«[92]

Wie die Gemeinschaft wieder geheilt werden kann

Eine solche Empfänglichkeit ist geboten, wenn die sommerliche Leichtigkeit des globalen Fortschritts zu Ende geht: Das herbstliche Aroma führt mich in jenes gewöhnliche Leben, das ohne Garantien auskommen muss. Ich möchte … zum Thema machen, was es für die Vorstellungskraft bedeutet, ohne jene orientierenden Erzählungen leben zu müssen, die uns einst glauben ließen, wir als Gesellschaft wüssten, wo es langgeht.

Anna Lowenhaupt Tsing[93]

Die Zeiten, in denen wir leben, haben einen apokalyptischen Beigeschmack. Eine gemütlich-beschwichtigende Beschwörung von Zusammenhalt ist nicht angemessen.

Hoffnung kann nur aus dem deutlichen Bruch mit den Fehlern der Vergangenheit kommen. Die neue Gemeinschaft, die überlebenswichtig ist, erwächst aus den neuen Tugenden (Selbstbegrenzung, Empathie, Sanftmut ...), die in gelebter Freundschaft verwirklicht werden.

Sie kommt von unten, sie ist leise, sie ist wärmend, sie lässt sich nicht blenden, sie ist bescheiden – und hat dem Anthropozän Adieu gesagt.

Sie sucht nicht die Sicherheit, sondern die Freiheit. Und in alldem bezieht sie sich auf das, woher wir kommen: Sei es das Christentum, sei es die Aufklärung, sei es der Humanismus.

Wer nun in diesem Kapitel Rezepte erwartet, wird enttäuscht sein. Es gibt kein Eiapopeia. Zusammenhalt, Gemeinschaft, Tugend: gefährdete Arten. Geboten wird der bekannte Strohhalm, an den man sich klammern kann. Und hier wird nicht plötzlich von einer goldenen Zukunft geredet, an den Krisen vorbei. Wir sprechen von starken Hoffnungen, von zarten Pflänzchen – aber nie, ohne die Bedrohungen zu vergessen, denn das wäre sträflich. Es sind kleine Lichter im großen Schatten.

Game over? Ein Neuanfang ohne Garantien

Wenn ich sehe, dass das Rotkehlchen, der Zaunkönig, die Nachtigall, da wo ich lebe, nicht mehr kommen, dann ergreift mich das Gefühl des »game over«. Nichts mehr zu machen. Das Spiel ist aus. Das Rotkehlchen, das nicht mehr einfliegt, verweist auf das Insektensterben, verweist auf das Artensterben, verweist auf den Klimawandel. Es verschwindet wortlos. Ja, man kann sich eine Gemeinschaft vorstellen, die sich auf verwüstete Areale zurückzieht, vielleicht unter riesigen Plastikhauben ein technikgestütztes Ersatzleben aufrechterhält: künstlich ernährt, künstlich beatmet, künstlich vergemeinschaftet. Wahrscheinlich hängen dann Bilder von den längst verschwundenen Korallenriffen auf Bildschirmen an der Wand. Aber ich will das nicht.

»Der Mensch ist frei geboren und überall liegt er in Ketten«, so beginnt Jean-Jacques Rousseau seine berühmte Abhandlung über den Gesellschaftsvertrag. Wir müssen aufpassen, dass der Satz sich nicht in einer vom Menschen geschaffenen und gemanagten Kunstwelt auf ungeheuerliche Weise vollendet. Ob die Zeit dafür noch reicht, wissen wir nicht.

»Jeder von uns muß seine engen, egoistischen, partikularen Interessen zu relativieren imstande sein, muß sich in die Zwangslagen anderer hineindenken und einfühlen können. Immer wieder muß sich der egozentrische Bourgeois in den idealistischen, am allgemeinen Besten orientierten Citoyen verwandeln, wenn der Staat als das gemeinsam bejahte Gehäuse einer demokratischen Gesellschaft Bestand haben soll.«[94] Arnulf Baring hat hier recht, aber wie soll das gehen? Der Blick zurück, den wir uns abgewöhnt haben, gibt wichtige Hinweise. Ob wir auf Sokrates schauen (wie ganz am Anfang des Buches) oder auf die biblische Geschichte vom barmherzigen Samariter (Lukas 10): Der Blick zurück kann uns helfen, vielleicht sogar retten. Die Geschichte vom barmherzigen Samariter sei in Erinnerung gerufen als eine Geschichte der liebevoll-freundschaftlichen Zuwendung mitten in der Wüste: Ein Mensch geht von Jerusalem nach Jericho und fällt Räubern in die Hände. Diese Strecke von Jerusalem nach Jericho bin ich selbst vor langer Zeit einmal gegangen, sie war damals ein Weg durch die Wüste. Ich hatte nicht damit gerechnet und war deshalb – leichtsinnigerweise – ohne Wasser unterwegs. Schließlich nahm ich ein paar Schluck Wasser aus einer Viehtränke – was mir schlecht bekommen sollte. Also der Mann, von dem das Lukasevangelium erzählt, befindet sich in unwegsamem Gelände. Die Räuber reißen ihm die Kleider vom Leib, dann schlagen sie zu und lassen ihn halbtot liegen. Ein Priester kommt vorbei, sieht ihn und geht vorüber. Auch ein Levit, ein Tempeldiener, kommt des Weges und ignoriert den Schwerverletzten. Schließlich ist es ein Samariter, der anhält und vom Pferd steigt. Er hat Erbarmen und verbindet die Wunden des Verletzten, indem er Öl und Wein darauf gießt. Er hebt ihn auf sein Tier, bringt ihn in eine Herberge und pflegt ihn. Er lässt dem Wirt sogar noch Geld zurück, damit der ihn weiter versorge. Jesus erzählt diese Geschichte nicht als Antwort auf die Frage »Was soll ich tun?«, sondern als Antwort auf die Frage »Wer ist mein Nächster?«. Der Samariter ist im damaligen Kontext der Outcast, der Nichtzugehörige, fast könnte man sagen: der Palästinenser. Die Geschichte markiert eine Wende in der Geschichte der Menschen: Nicht nur der, der dem eigenen Volk zugehört, ist mein Nächster, sondern der, der meine Hilfe braucht, also jenseits ethnischer, kultureller oder religiöser Grenzen. Der Samariter benimmt sich anarchisch, verlässt die Grenzen der vorgegebenen Ordnung – als Mensch. Er handelt nicht um des Staates willen, nicht aus religiösen Gründen, sondern weil er vom anderen (von dem unter die Räuber Gefallenen) die Fähigkeit zu antworten geschenkt bekommt.[95] Im Grunde könnte diese ganz und gar religionsfreie, transkulturelle Geschichte zur Symbolgeschichte in all den Konflikten, mit denen wir es heute zu tun haben, taugen. Sie ist religionsfrei – aber nicht ohne Transzendenz: Sie weist über das hinaus, was wir hier und jetzt als ›Grenze‹ erfahren.[96] Die Welt, in der wir leben, wird ja mit jedem Augenblick ungastlicher, gefährlicher und destruktiver. Das müssen wir uns immer wieder in Erinnerung rufen. Die Geschichte vom barmherzigen Samariter ist ein transreligiöses Gegengift. Ein Heilmittel. Denn das Gift der Feindseligkeit, des Zerwürfnisses, des Rassismus, der Ungastlichkeit ist überall ausgelegt.

»Wie der Himmel, die Erde und das Meer ist der Weltraum zum Schlachtfeld geworden«, sagt der amerikanische Präsident Donald Trump, als er am 14.08.2018 das Budget 2019 für das Pentagon verkündet. Es umfasst die Rekordsumme von 716 Milliarden US-Dollar. Die Weltraumarmee soll zum eigenständigen sechsten Arm des US-Militärs werden. Nur eigene Weltraumstreitkräfte würden die Dominanz der USA über ihre Rivalen sichern, denn diese hätten schon begonnen, den Weltraum zu bewaffnen.[97]

Mich durchfährt eisiger Schrecken, wenn ich an unsere Kinder, unsere Nachkommen, denke. Das kann nicht gutgehen. Welche Hölle wird da vorbereitet? Das von Trump unterzeichnete Gesetz trägt den Namen des US-Senators von Arizona, John McCain. Er ist ein innerparteilicher Kritiker des Präsidenten, und Donald Trump erwähnt rachsüchtig den Namen seines Kritikers bei der Vorstellung des Gesetzes nicht. Aber Senator McCain twittert: Er sei stolz, dass das Gesetz seinen Namen trage, es stehe für eine Sache, die größer sei als er selbst: »Our troops who defend America & all that she stands for.«[98] Unsere Truppen, die Amerika verteidigen und alles, wofür es steht. Der Senator ist krebskrank, und er stirbt einige Tage nach der Verabschiedung. Kann ich mir das vorstellen: einen Menschen an der Schwelle des Todes, der sich rühmt, die Vorbereitung unfassbaren Grauens mit seinem Namen verknüpft zu sehen? Wird sein letzter Gedanke der Stolz auf 716 Milliarden Dollar sein, die der Vorbereitung von Massentötung, die die Menschen aus dem Weltraum ereilt, dienen? Himmel, Erde und Meer sind schon als Schlachtfelder zugerichtet und nun auch der Weltraum. Kann man sich noch irgendeine Rettung vorstellen in einer Situation, in der die Sehnsucht nach Frieden und die Arbeit am globalen Frieden offenbar zum Erliegen gekommen ist? Es ist eine Zeitenwende, in der wir leben, die ihren apokalyptischen Beigeschmack nicht leugnen kann. Vorbei die Zeiten, in denen die Hoffnung auf eine friedliche Welt die Erde tränkte. Im Jahr 1970 verbrachten John Lennon und Yoko Ono ihren Honeymoon im Bett: Im Hilton Hotel, Amsterdam, starteten sie ihr legendäres »Bed-in«, lieben für den Weltfrieden. »Make love – not war« war der Protest gegen den Krieg in Vietnam und PR-Gag in einem. Der unvergessliche Song »Give peace a chance« entstand: Trotz des Vietnamkriegs, trotz des Eisernen Vorhangs herrschte eine Aufbruchsstimmung, die von der Hoffnung getragen wurde, dass Kriege eines Tages aus der Welt verschwinden könnten.[99]

Heute hat sich das Bild vielerorts verdüstert: Science-Fiction-Romane und -Filme beschreiben in immer neuen Variationen eine Schreckenswelt. Und wenn der Eindruck nicht täuscht, rücken die Horrorszenarien immer näher an unsere politische und ökonomische Wirklichkeit heran. Sie reden von einer globalen Gesellschaft, die den Gedanken der Gemeinschaftlichkeit, des Friedens, ja der Hoffnung aufgegeben hat. Der Philosoph Slavoj Žižek plädiert ganz konsequent für einen »Mut zur Hoffnungslosigkeit«. »Wahrer Mut besteht nicht darin, sich eine Alternative auszumalen, sondern darin, die Konsequenzen der Tatsache zu akzeptieren, dass es keine klar erkennbare Alternative gibt. Der Traum von einer Alternative ist ein Zeichen theoretischer Feigheit.«[100] Vielleicht geht es in der Tat darum: die Ohnmacht auszuhalten. Ich weiß doch, dass ich nichts ändern kann am Klimawandel, am Terrorismus, am Flüchtlingsstrom. Ist das die Tugend der Tapferkeit, die die Gegenwart fordert: einsehen, dass das Verhängnisvolle überall wächst? Akzeptieren, dass es unseren Kindern schlechter gehen wird? Zugestehen, dass nicht der Frieden Konjunktur hat, sondern neue Arten von

Krieg? Das Offensichtliche erkennen: dass die Europäer allmählich ihren Einfluss verlieren? Liegt die Heilung in der Akzeptanz des Unvermeidlichen? Liegt die Heilung in einer Haltung akzeptierender Ohnmacht?

Die Vereinigten Staaten von Amerika sind ja für uns in Europa der Trendsetter schlechthin. Was dort geschieht, was dort in Mode kommt, sich wie auch immer durchsetzt, kommt ein Jahrzehnt später auch zu uns. Der Zerfall der amerikanischen Gesellschaft ist unübersehbar. Ein Vorzeichen auch für uns in Europa? Gemeinschaft und Zusammenhalt als Auslaufmodell? Beobachter sprechen vom zweiten Bürgerkrieg, der in den Vereinigten Staaten bevorstehe: Bürgerkrieg 2.0. Befinden sich die Vereinigten Staaten von Amerika nicht schon im freien Fall? Treten nicht Selbstzerfleischung und Desintegration täglich deutlicher hervor? Die Vision eines großen Sozialvertrags, wie sie Präsident Franklin D. Roosevelt verfolgte und Präsident Lyndon Johnson mit der Rede von der »Great Society« wiederbelebte, ist von marktradikalen Sozialrasierern zerstäubt worden. Vom Winde verweht. Löscht die große kollektive Vereinsamung jegliches Gefühl von Verantwortung für die Gemeinschaft aus?[101] Omar El Akkad hat einen Bestseller geschrieben, er trägt den Titel: »American War«[102]. Beschrieben wird ein Amerika nach Trump, ein verheertes Areal, ein Land am Ende aller Träume und Visionen. Es ist das Jahr 2075. Vom *American Way of Life* ist nichts mehr geblieben. Stürme, Epidemien, ein dramatisch angestiegener

Meeresspiegel haben das Land zweigeteilt. Der ›blaue‹ Norden und der ›rote‹ Süden stehen sich gegenüber. Es herrscht Krieg um die fossilen Ressourcen. Überall im Land finden sich Camps, in denen Überlebende vegetieren, denn Millionen sind auf der Flucht. Drohnenangriffe, chemische Waffen, Selbstmordattentäter, all das, was die Amerikaner in Syrien und Afghanistan zu sehen gewohnt sind und mit angezettelt haben, ist mit einem Mal auf heimatlichem Boden präsent. Die Vereinigten Staaten sind längst nicht mehr Weltpolizei, denn 2075 wird das Weltgeschehen von China bestimmt und dem Bouazizi-Reich, einer Vereinigung mehrerer nordafrikanischer Staaten. Bouazizi ist ein etwas fragwürdiger, einigermaßen demokratisch-stabiler Wohlstandsstaat. Im Mittelpunkt des Romans »American War« aber steht Sarat, deren schlimme Erfahrungen zur blutigen Devise werden: »Die einzig sichere Arbeit ist Blutarbeit – die Arbeit eines Chirurgen, eines Soldaten, eines Schlachters.« Sie wird durch Einflüsterungen über Gräueltaten des Nordens zur Einzelkämpferin. Ihr Vater ist bei einem terroristischen Anschlag getötet worden, die Mutter lebt mit den Kindern in einem Flüchtlingslager. Dort wird Sarats Bruder zum Kindersoldaten und Sarat selbst zu einem menschlichen Monster, angetrieben allein durch den Wunsch nach Vergeltung. Der Roman erzählt von Dingen, die es gibt – sie ereignen sich heute auf dem fernen afghanischen oder syrischen Territorium. Der Roman von Akkad transferiert diese Gräuel in die USA: Sarat überlebt im Flüchtlingslager nur knapp ein

Massaker. Ein Massaker, wie es sich 1982 im Camp Sabra und Schatila ereignet hat. Damals drangen Soldaten in ein libanesisches Flüchtlingslager ein, verstümmelten, folterten, vergewaltigten und töteten mehrere tausend palästinensische Flüchtlinge. So ähnlich erlebt es Sarat. Sie wird schließlich von Truppen des Nordens gefangen und vegetiert im »Camp Saturday« nur mehr dahin, einem Ort, dessen Vorbild ganz offensichtlich das Gefangenenlager Guantanamo Bay ist. Der Roman hat kein Happy End. Er berichtet von einer Gesellschaft, in der die Sehnsucht nach gesellschaftlichem Zusammenhalt und alle Hoffnung auf Frieden verschwunden sind. Geblieben ist das Gesetz der Gewalt und der Waffen.

Literatur und Film sind erfüllt von solchen Visionen des Schreckens. Und sie lassen sich – wie gesagt – kaum noch von dem, was schon ist, unterscheiden. Man verlege Afghanistan und Syrien in die USA, schon wird uns der ferne Schrecken nah und anschaulich. Und die Frage nach Tugenden, Anstand, Sitte oder Moral fällt in sich zusammen wie ein misslungenes Soufflé.

Der folgende Bericht vom anderen Ende der Welt, aus Afrika, vervollständigt das Bild dieses schon realen zeitgenössischen Schreckens. Was einmal Science-Fiction hieß, frisst sich in unsere Gegenwart.

»So wird die Welt aussehen, wenn sie untergeht«

Paul Theroux, geboren 1941, kehrt mit 72 Jahren in sein geliebtes Afrika zurück und findet ein zerstörtes Paradies. Seine Reise, die ihn von Kapstadt bis nach Timbuktu führen soll, will er mit öffentlichen Verkehrsmitteln bewältigen. Sie wird zu einer Reise in das Herz der Finsternis.[103] Luanda, die Hauptstadt Angolas: Da steht der Hummer-Geländewagen im üblichen Stau, der afrikanische Fahrer mit dicken Goldketten um den Hals. Die Arbeitslosigkeit im Lande liegt bei ungefähr 90 Prozent. Drei Viertel der Angolaner sind unter 25 Jahre alt, ein Viertel lebt in Luanda, wo ein Slum nach dem anderen aus dem Boden wächst. Die jungen Leute gehen nicht zur Schule, sie haben keinen Job. Entfesselter Reichtum, krasse Armut. Alles, was in diesem Land zu sehen und zu kaufen ist, kommt aus Brasilien oder Südafrika. Es ist ein durch und durch parasitärer Staat, beherrscht von einer schamlosen Elite, die die Ressourcen des Landes für das eigene Luxusleben verschleudert und zugleich behauptet, ein Krankenhaus nicht finanzieren zu können. Das überlässt sie ausländischen Hilfsorganisationen. Theroux beschreibt das Lachen und Hüpfen der Menschen, das er auf den Straßen beobachtet, als etwas Hysterisches, es erinnere an das Geplapper von jemandem, der kurz vor einem Panikanfall steht. »Das ist Lachen im Schatten des Galgens, das, was Menschen von sich geben, die wissen, dass sie dem Untergang geweiht sind. So sieht ein Ort aus, der auf dem Weg zur Hölle ist.«[104] Eine schreiende, chaotische, rücksichtslose Gesellschaft kurz vor dem Aus. Keine verzweifelten Menschen sieht Theroux, sondern Menschen, die tanzen und manchmal beim Gehen Hüpfschritte machen. Die Stadt ist voll von Prostituierten, darunter viele Flüchtlinge aus dem Kongo. »Die meisten Leute kicherten wie irre, weil sie wussten, dass ihr letztes Stündlein geschlagen hatte. So klang das Gelächter der Angolaner für mich – wie geisteskrankes, gequältes Geschnatter, wie ein verstärktes Todesröcheln.«[105] Theroux' Begleiter betrachtet die Stadt und sagt: »So wird die Welt aussehen, wenn sie untergeht.«

Der Eindruck verstärkt sich: Die ›tugendfreien‹ Zonen breiten sich aus. Die Areale, in denen nicht einmal eine sehnsuchtsvolle Erinnerung an Gerechtigkeit oder an die Pflicht zum Guten erkennbar ist, werden größer. Bereiche, in denen die Menschen auf das, was einmal Tugend, Moral, Werte waren, verzichtet haben. Aus Arroganz und Kälte oder aus Verzweiflung, weil den Verelendeten nichts anderes übrigbleibt oder weil sie nur auf diese Weise eine Überlebenschance zu haben glauben. Das ist die neue Realität, die um sich greift wie eine Seuche. Das ist eine Realität, in der die Rede von Zusammenhalt zum Hohn geworden zu sein scheint. Die zerstobenen Träume von einer Great Society in den USA. Die verschwundene ländliche Kultur in Angola oder – um ein letztes Beispiel zu nennen – die Ohnmacht des Staates in Italien. Jedenfalls im Süden

Italiens. Rückt uns da etwas näher? In Neapel ziehen Jugendliche mit Kalaschnikows durch die Gegend und betreiben Drogenhandel in großem Stil. »Baby-Killer« nennt sie Roberto Saviano. Die 16-Jährigen töten, ohne mit der Wimper zu zucken. Sie meinen, noch genug Lebenszeit vor sich zu haben, selbst wenn sie erwischt werden. Zehn Jahre Jugendhaft: Sie gehen mit 20 ins Gefängnis, mit 30 kommen sie wieder raus.[106] Die Jungs ziehen – so Saviano – durch die Straßen und schießen einfach drauflos, sei es in die Luft, sei es auf die Häuser. Die Baby-Killer von Neapel schrecken auch vor Folter nicht zurück. Der lesbischen Besitzerin einer Bar haben die Jugendlichen den Kiefer gebrochen und sie dann kopfüber begraben, mit den Beinen in der Luft.[107]

Kommt da also etwas in unsere Nähe? Kann man sich vorstellen, dass so etwas auch in Berlin geschieht? Sind wir sicher vor solchen Entwicklungen?

Walter Benjamin hat davon gesprochen, dass der Ausnahmezustand die Regel geworden sei. Die Macht – so sagt der italienische Philosoph Giorgio Agamben in Aufnahme der Überlegungen von Walter Benjamin – habe keine andere Legitimation mehr als den Notstand. Darum berufe sich die Macht ständig, überall, dauernd auf den Ausnahmezustand, arbeite aber zugleich im Geheimen ständig an seiner Erzeugung. »Das Leben im normal gewordenen Ausnahmezustand ist das bloße Leben, das die Lebensformen in allen Bereichen von ihrem Zusammenhalt in einer Lebens-Form scheidet.«[108]

Das Flüchtlingsthema ist das bekannteste Beispiel für die Rhetorik des Ausnahmezustands. Wir werden noch sehen, wie der Klimawandel diese Rhetorik füttert. Je mehr Milieus und Lebenszusammenhänge zerstört werden und sich eine radikale Individualisierung zur Normalität erhebt, desto mehr werden die Menschen zur reinen formbaren, physischen Energie. Der heimliche Idealfall ist dann der Bürger und die Bürgerin aus dem 3-D-Drucker. Zugeschnitten auf das gesellschaftlich Gebrauchte. Warum nicht auch versehen mit einem kleinen Werte-Set aus dem 3-D-Drucker? Gewissermaßen das postkulturelle I-Tüpfelchen. »Je größer die Freiheit des Einzelnen ist, desto weniger Einfluss hat er auf die Welt. Je mehr Wahlfreiheit man uns zugesteht, desto weniger kommt es auf unsere Entscheidungen an (…) Offenbar können wir die Realität heute nicht mehr nach unseren Wünschen kneten und formen, sie steht uns vielmehr massiv und träge, undurchsichtig, undurchdringlich und unüberwindlich gegenüber, stur und unempfänglich für unser Wollen und immun gegen alle Versuche, unser Zusammenleben menschlicher zu gestalten.«[109] So hat der Sozialwissenschaftler Zygmunt Bauman die Lage zusammengefasst.

Hoffnung wider die Hoffnung

Ist dies also die Stunde der Verzweiflung, der Resigna-
tion, der Ohnmacht? Die Stunde, in der die Hoffnung
auf eine wärmende Gemeinschaft ebenso abgedankt hat
wie die Vorstellung, dass die »Tugenden« noch irgendei-
nen Einfluss auf unseren individuellen oder kollektiven
Alltag haben? Slavoj Žižek hat recht, wenn wir auf die
Szenerie in den USA, in Angola oder in Italien schauen.
Die Rede von Alternativen, die man ergreifen müsse, ist
Augenwischerei, einlullende Happy-End-Rhetorik, die
noch zum Untergang beiträgt. Das Herumsurfen auf
Lösungen, auf Alternativen, auf zu ergreifenden Maßnahmen ist im Sinne des alten Wortes »gottlos«. Der
Modeschnack »Alles ist gut!« ist abergläubische Be-
schwörung und Verblendungstrick zugleich angesichts
einer Realität, in der nichts gut ist. Nichts hält uns mehr
zusammen. Und deshalb Schluss mit den Alternativen!
Aber was dann? Die Haltung des »game over«?

Es gibt – so scheint es mir – nur einen Weg, der aus
dem stumpfen »Wir haben ein Problem, wir brauchen
eine Lösung« herausführt: Es ist von Hoffnung zu reden,
von der Hoffnung, die in der Freundschaft aufleuchten
kann. Die das letzte Feuer ist, um das sich die isolierten
Individuen sammeln können. Weit außerhalb, jenseits
der Aufsichtsräte, der Shopping Malls, des digitalen
Gebrabbels. Während die Menschen und ihre Häuser
auszusehen beginnen wie aus dem Playmobilkasten,
während die Menschen Mimikry treiben mit dem Anor-

ganischen, sprießt Hoffnung aus dem dürren Boden.[110]
Die Hoffnung ist da, wo mit dem Plastikgesicht und den
Plastikhäusern, ja mit der ganzen Plastikfamilie gebrochen wird: Flucht aus dem Mainstream ist angesagt.
Flucht in die grüne Zone, Flucht in den Busch, Flucht
in die Wildnis: Der Busch, der nicht im fernen Afrika
zu suchen ist, sondern der uns als Zuflucht überall zur
Verfügung steht. Er ist da, wo jemand aus dem reißenden Mainstream aussteigt und etwas, sei es eine noch so
kleine Sache, anders macht. Ob es der Schnittlauchtopf
auf der Fensterbank ist. Ob es das konsequente Nein
zu den Produkten der Massentierhaltung ist. Ob es der
Honigtropfen ist, mit dem eine Hummel vor dem Verhungern gerettet wird. Ob es die Bereitschaft ist, dem
stieren SUV-Fahrer zu weichen. Ob es der Mut ist, einem
angepöbelten Schwarzen in der U-Bahn beizuspringen.
Ob es die Schülerin ist, die ihren hilflosen Tischnach-
barn abschreiben lässt. Ob es die Entschlossenheit ist,
mit der grassierender Hoffnungslosigkeit widerspro-
chen wird. Ob es ...

Hoffnung steht quer. Hoffnung stellt sich der über-
mächtigen Realität. Hoffnung ist keine Alternative,
sondern das gänzlich andere. Hoffnung erinnert an
eine Dimension, für die wir blind geworden sind.

Wie sagt mein Freund und Kollege, als ich ihn frage, was
seiner Ansicht nach die Gesellschaft zusammenhalte?
»Nichts. Nur der Zwang.« Vielleicht ist das eine richti-
ge Diagnose. Würden meine Nachbarn über mich her-

fallen, wenn es den Zwang des Gesetzes und die Polizei nicht gäbe? Würden sie mir zum Wolf und ich ihnen zum Wolf werden? Es gibt nur die vage Hoffnung, dass mein Nachbar nicht zum *Warlord* würde, wenn er die Gelegenheit hätte. Weil die Tugend in ihm wohnt. Ob er es weiß oder nicht. Es gibt die Hoffnung auf radikale Liebe und Freundschaft auch unter den unmöglichsten Bedingungen.

Ehrfurcht vor dem Leben: Das war die Devise Albert Schweitzers. Er hat es mit dieser Devise übertrieben, aber ohne Übertreibung wird vielleicht nichts besser. Mir fällt eine Geschichte ein, die ich vor langer, langer Zeit gehört habe. Ich weiß nicht, ob sie wahr ist. Aber das tut fast nichts zur Sache. Sie beschreibt mehr eine Begebenheit: Der greise Albert Schweitzer kehrt nach Lambarene zurück. Im Operationssaal surrt eine Fliege umher, die da nun wirklich nichts zu suchen hat. Das Operationsteam identifiziert den geflügelten Gefährder. Und macht sich auf die Jagd. Aber Schweitzer, der alte Arzt und Organist, verbietet, die Fliege zu töten: »Ehrfurcht vor dem Leben.« Die Geschichte nagt an mir. Schon immer. Sie ist vernunftwidrig. Aber sie ist dennoch schön und radikal.

Bedacht werden muss, was es heißt, in den Ruinen des Kapitalismus zu leben. Bedacht werden muss, dass ein neuer Gesellschaftsvertrag nicht genügt, sondern dass es an der Zeit ist, die ägyptische Sklaverei des Anthropozäns zu verlassen. Diese Epoche der alles vernichtenden Herrschaft des Menschen auf dem Planeten. Bedacht werden muss, dass es um eine Kampfansage an die Diktate des Anthropos und des Kapitals geht.[111] Wir müssen also nicht über einen neuen Gesellschaftsvertrag reden, sondern über ein neues demütiges und respektvolles Verhältnis zu dem, was wir arrogant »Umwelt« nennen. Jetzt geht es für den Menschen darum abzudanken. Die Krone abzulegen, um im Exil – vielleicht – die Splitter einer möglichen künftigen Gemeinschaftlichkeit zu finden. Von einem ganz anderen Zusammenhalt also ist zu reden: einem Zusammenhalt, der die Grenzen der bürgerlichen Gesellschaft überschreitet, indem er den Menschen und seine Gesellschaft renaturiert. Auch miteinander in Verbindung bringt, versöhnt: heilt.

Ein Zen-Mönch erzählt von einem Redwood-Wald in der Nähe von San Francisco, den er mit einem Freund besucht hat. Sie treffen einen Ranger, der ihnen das Geheimnis des Waldes enthüllt. Redwoodbäume sind Mammutbäume, die größten Bäume auf der Welt. Einige sind Jahrhunderte, sogar Jahrtausende alt. Obwohl die Wurzeln dieser Bäume nicht tief sind, überstehen sie starke Erdbeben und zerstörerische Blizzards. Wie geht das? Die Wurzeln breiten sich aus, bis sie die Wurzeln benachbarter Bäume erreichen, um sich schließlich dauerhaft miteinander zu verbinden. So sind alle Redwoodbäume in diesem Wald direkt oder indirekt miteinander verknüpft. Die Einigkeit, der Zusammenhalt, ist ihre Stärke. Ihre Wurzeln strecken sich aus, um sich gegenseitig zu dienen. Sogar einem kleinen, gerade aufwachsenden Redwoodbaum wird Unterstützung zuteil, indem seine Wurzeln beschützt werden. So erteilt die Natur den Menschen eine wichtige Lektion: Unsere wirkliche und wahre Stärke besteht in der Bereitschaft, uns gegenseitig zu unterstützen und füreinander zu sorgen. Wir sind dazu da, das göttliche Erbe zu beschützen. Weisheit besteht darin, dieses einfache, universale Prinzip zu begreifen: Indem wir geben, wird uns etwas geschenkt. Und wir beginnen zu leben. Die spirituelle Entwicklung einer Gesellschaft liegt darin: dass Menschen einander lieben und Dinge in Gebrauch nehmen. Oft ist es heute genau umgekehrt: Menschen nehmen einander in Gebrauch und lieben Dinge.[112]

Schlussmelodie
über den Zusammenhalt

*Wir sind alle verkrüppelt – manche körperlich,
mache geistig, manche seelisch. Deshalb müssen wir
gemeinsam daran arbeiten, die neue Welt zu schaffen.
Es ist keine Zeit mehr für Zerstörung, für Haß, für Zorn.
Wir müssen aufbauen: in Hoffnung, Freude und Feier.*

IVAN ILLICH[113]

Hoffnung erwächst aus Freundschaft und Zärtlichkeit mit anderen Menschen, aber auch mit der Natur, mit Tieren und Pflanzen. Freundschaft ermöglicht ein Leben in Gegenwärtigkeit, die nicht die Zukunft beherrschen will, sondern im Hier und Jetzt Hoffnung in die Tat umsetzt. In kleinen Schritten.

Kein Wort der Hoffnung kann gelten, das nicht begleitet ist von der leidvoll erfahrenen Realität der Zerstückelung. So folgt hier ein Schluss in Fragmenten. »Ein Getümmel kurzer Kapitel, die wie Pilze nach dem Regen aufschießen, die verheddert sind und die Flickenhaftigkeit der Welt nachahmen«, wie Anna Lowenhaupt Tsing schon ihr hier zitiertes Buch beschrieben hat.[114] Ein Schluss, der vom Blut nicht schweigt, aber der Hoffnung Raum gibt – wie eine Melodie mit Variationen. Es gibt kein Rezept für den Zusammenhalt und die Tugend. Kein »So machen wir es!«. Es bleibt allein das Wagnis der Erinnerung. Der schonungslose Versuch, die Dinge so zu sehen, wie sie sind. Wie gefährdet ist Zusammenhalt? Welche Chancen hat das, was wir einmal Tugend nannten? Auf den Trümmern und aus den Trümmern kann nur etwas Neues wachsen, wenn wir die Trümmer zu sehen bereit sind.

Erste Variation
»... dass gepfleget werde der feste Buchstab«

Im fernen Afrika. In Kasai, einer kongolesischen Krisenregion, geschieht gerade Unfassbares. Die UNO legt im Juli 2018 einen Bericht vor, in dem von Kannibalismus, von Enthauptungen, von Massenvergewaltigungen berichtet wird. Milizionäre und Soldaten verüben in der Region Kasai Kriegsverbrechen, die an Grausamkeit nicht mehr zu überbieten sind. Ein Jahr lang war die Region von einem Expertenteam der UNO beobachtet worden. Die kongolesische Menschenrechtsministerin Mari-Ange Mushobekwa sagt: »Was in Kasai passiert, lässt sich nicht in Worte fassen.« Ein Opfer erzählt von einer Gruppe von Rebellen, die im Mai 2017 weibliche Genitalien als Abzeichen getragen haben sollen. Ganze Dörfer seien zerstört worden, Jungen sollen gezwungen worden sein, ihre Mütter zu vergewaltigen. Zeugen beobachteten Leute, wie sie Fleisch von lebenden oder toten Menschen abgeschnitten, gekocht und gegessen sowie ihr Blut getrunken haben. In einem Dorf wurden 186 Männer und Jungen geköpft. Kindersoldaten wurden von Rebellen unbewaffnet in den Kampf geschickt. Ihnen wurde eingeredet, sie seien durch magische Kräfte unbesiegbar. Die Regierungstruppen und die Rebellen, die sich gegenüberstehen, übertreffen sich an Grausamkeiten. Reihenweise hätten die Regierungstruppen Kindersoldaten erschossen.[115]

Was hält die Gesellschaft in Kasai zusammen? Offenbar nichts. Die Grausamkeiten dort schüren die Angst, dass sich diese entfesselte Gewalt immer weiter ausdehnen könnte. Kann so etwas auch bei uns passieren? Wieso eigentlich nicht? Hatten wir im Nationalsozialismus nicht ausreichend Gewalt und Grausamkeit? Hatten wir in Srebrenica nicht das Massaker schon dicht vor unserer Tür? Und ertrinken nicht Flüchtlinge täglich im Mittelmeer, an unseren Küsten und somit nahezu vor unseren Augen? Kann wirklich jemand glauben, dass es möglich ist, die Festung Europa auszubauen, die Flüchtenden mit äußerster Kälte draußen zu halten, ohne dass das auf die Seele derer, die in der Festung sitzen, vernichtend wirkt? Kann man sich wirklich einbilden, dass um die Festung herum Blut, Tod, Elend, Hunger wabern und es drinnen gerecht, kohäsiv und friedlich zugeht? Kann man sich tatsächlich vorstellen, dass in Europa die Tugenden Wiederauferstehung feiern, während um uns der schiere Schrecken herrscht und die Leichen im Meer von den Fischen gefressen werden? Das kann nicht gelingen: dass wir uns in die Frage nach der Stabilität unseres Zusammenhaltes vertiefen und zugleich ignorieren, dass dort draußen alles drunter und drüber geht.

Nah ist und schwer zu fassen der Gott.
Wo aber Gefahr ist, wächst das Rettende auch.
Im Finstern wohnen
die Adler und furchtlos gehn
die Söhne der Alpen über den Abgrund weg
Auf leichtgebauten Brücken
...

... der Vater aber liebt,
Der über allen waltet,
Am meisten, daß gepfleget werde

Der feste Buchstab, und Bestehendes gut
Gedeutet. Dem folgt deutscher Gesang.

So das berühmte Gedicht von Friedrich Hölderlin. Der
›deutsche‹ Gesang, das muss vorweggesagt sein, meint
den ›gedeuteten‹ Gesang. ›Wo aber Gefahr ist, wächst
das Rettende auch.‹ Ist das noch wahr und hat es je ge-
stimmt? Es ist wohl eher die beklommene Formulie-
rung einer Hoffnung. Ich muss an diese unglaubliche
Szene in Fjodor Dostojewskis Roman »Die Brüder Kara-
masow« denken. Der grobe, pöbelnde, streitsüchtige Dimitri, der gerade auf seinen Vater einzuschlagen droht,
steht in der kleinen Klause des zarten, sanften Mönchs
Sosima, der von allen wie ein Heiliger verehrt wird. Staretz wird er genannt, das ist ein Mönch, der lange in
der Einsamkeit gelebt hat. Man schämt sich, lesender
Zeuge dieser Unverschämtheiten an dem friedvollen
Ort zu sein. Nach einem wüsten Ausbruch des Dimitri
erhebt sich der schmächtige Staretz Sosima – und wirft
sich Dimitri zu Füßen, das Gesicht am Boden. Später
wird er die Geste erläutern: Er habe in den Augen des
Dimitri das unendliche Leid, das ihm bevorstehe, gesehen. Manchmal blitzt in mir der Gedanke auf, dass wir –
angesichts des bröckelnden Zusammenhalts in unserer
Gesellschaft – das künftige Leid in den Augen unserer
Kinder sehen könnten. Wenn wir sehen könnten.

Hölderlin spricht von dem »festen Buchstab« und dem
gut gedeuteten »Bestehenden«. Für mich ist hier von

den alten geschriebenen Tugenden und der schrump-
fenden Gemeinschaft, die nur noch in der Erinnerung
besteht, die Rede. Von all dem, was die dahinrasende
Moderne vergessen hat oder vergessen möchte. Zieht
die Rede von der ›Tugend‹ und der ›Gemeinschaft‹ nicht
tatsächlich nur noch verächtliches Lachen auf sich?
Denkt man nicht an Lederhosen und Bierzelte? Und ist
diese »Tradition« nicht ohnehin längst von pöbelnden
Rechtspopulisten mit Beschlag belegt worden? Es ist
eine fast aussichtslose Aufgabe, gegen die Zerstörung
des Bestehenden, gegen das Verschwinden dessen, was
Hölderlin den festen Buchstaben nennt, seine Stimme
zu erheben. Wir leben in einer Zeit, in der das Gestern
sofort als das Gestrige diskriminiert wird, das wir jauch-
zend opfern, um uns in die Flut der Algorithmen zu
stürzen. Alle Tradition wird verflüssigt und wird in den
Abfluss geleitet. Luftig, digital und für uns unsichtbar
dagegen die Algorithmen, die jetzt schon so elegant
unser Verhalten, unsere Entscheidungen und unseren
Alltag regeln, kontrollieren, steuern. Man kommt sich
wie aus der Zeit gefallen vor, wenn man nur den Begriff
»Tugend« verwendet. Uncool. Aber das Wagnis muss
man eingehen … Vielleicht müssen wir uns von Hölderlin trösten lassen, der von der Finsternis spricht, in
der die Adler wohnen, und von den Söhnen der Alpen,
die furchtlos über leichtgebaute Brücken den Abgrund
überqueren. Vielleicht sind der Hölderlin'sche »Buch-
stabe« und das von ihm zitierte »Bestehende« die Zau-
berworte, mit denen die zeitgenössische Vernebelung

und der Missbrauch des Wortes Gemeinschaft vertrieben werden können. Wenn von Gemeinschaft die Rede ist und damit tatsächlich die zunehmende Ungleichheit nur verschleiert wird, dann ist die Stunde des Buchstabens da, der wie ein scharfes Schwert den Vorhang zerteilt, mit dem Unrecht und Benachteiligung verdeckt werden. Zukunft braucht Herkunft: Und Zusammenhalt braucht Erinnerung. Darauf ist zu bestehen.

»Sehen Sie«, sagt John in dem satirischen Roman »QualityLand«, »das zugrundeliegende Problem ist doch eine Sinn- und Identitätskrise. Was gab den Menschen früher Halt? Einen Sinn? Eine Identität? Die Gemeinschaft, die Religion und nicht zuletzt: die Arbeit. Das Geld, dieser unpersönliche Vermittler, hat die Gemeinschaft zertrümmert, die Wissenschaft hat die religiösen Götzen vom Sockel gestoßen und die Automatisierung nimmt euch jetzt auch noch die Arbeit.«[116]

Wir müssen wagen, über Gemeinschaft und Tugend erinnernd zu sprechen. Wir müssen uns üben im Widerspruch zur dementen Gesellschaft, die alles, was gestern war, vergessen will. Und wenn sie uns reaktionär nennen, dann ist das zu ertragen, denn wir gehen ›auf den leichtgebauten Brücken‹, die aus der Vergangenheit in die Zukunft führen.

Zweite Variation
Der Schmerz der Tugend. Der Schmerz der Gemeinschaftlichkeit

Zusammenhalt in der Gesellschaft: Niemand darf sich darüber täuschen, dass Gemeinschaftlichkeit eine schöne, aber eben auch fast immer eine schwierige Angelegenheit ist. Jeder weiß das aus eigener Erfahrung im Experimentierfeld Familie. Jeder weiß das aus Erfahrungen mit Partnerschaften. Und sehr genau wissen das Menschen, die an Experimenten mit neuen Wohnformen beteiligt sind. Neue Gemeinschaft lässt sich technokratisch perfekt organisieren. Ein älterer Mann hat mir kürzlich von einem solchen Modell in Baden-Württemberg erzählt. Eine Reihe gutsituierter älterer Paare, die sich um einen gemeinsamen Platz herum Häuser gebaut hatten. Jedes Haus barrierefrei, jedes mit einem Aufzug in den ersten Stock. Für den Fall, dass jemand die Treppen nicht mehr steigen kann. Man muss befürchten, dass tödliche Langeweile gleich mit einzieht. Man wandert zusammen, veranstaltet Spieleabende. Vorfriedhofsgefühle, weil es hier nur um die Verlängerung des konsumistischen Alterselends geht. Eine neue Gemeinschaft kann wohl nur gelingen, wenn es bescheidener zugeht und wenn die Ichbesessenheit, die das Alter heute besonders bedroht, reflektiert und begrenzt wird. Vor allem: wenn es etwas Drittes gibt, um das sich das neue Gemeinschaftsleben dreht. Das haben die gewusst, die, als das römische Reich seinem

Ende entgegenwankte, in den Wüsten der Alten Welt neue Gemeinschaften gebildet haben, aus denen später Klöster wurden. Sie haben sich menschenfreundliche, aber auch strenge Ordnungen für das Gemeinschaftsleben gegeben. Sie wussten etwas über den Zusammenhang von Gemeinschaft, Tugend und Disziplin. Und wer sich heute umschaut, wird Orte wie Auroville finden, an denen die Menschen ihrerseits etwas davon wissen, dass Gemeinschaftlichkeit mit Selbstbegrenzung, mit Bescheidenheit, mit Solidarität und Hinwendung zum anderen zu tun hat. Auroville liegt im Süden Indiens, dort leben seit fünfzig Jahren Menschen aus aller Welt zusammen. Menschen, die nicht mehr mit Tina zusammenleben wollen. Tina ist die Abkürzung von There Is No Alternative. Will sagen: keine Alternative zum westlichen Lebensstil.[117] Die französische Philosophin Mirra Alfassa, die von ihren Anhängern ›Mutter‹ genannt wird, hat ihren Traum in Auroville auf den Weg gebracht. »Es sollte irgendwo auf der Welt einen Platz geben, an dem die spirituellen Bedürfnisse und die Sorge um geistigen Fortschritt wichtiger sind als die Befriedigung der Bedürfnisse und Leidenschaften, wichtiger als die Suche nach Vergnügen und materiellem Genuss.«[118] So wurde 1968 Auroville, die Stadt der Morgenröte, gegründet. Es sollte eine Gemeinschaft ohne Konkurrenzkampf, ohne Geld, ohne Egoismus, ohne Examen, ohne Strafen, ohne Autos, ohne Werbung, ohne Schlachthäuser, ohne Hurenhäuser, ohne Schulzwang, ohne Drogen, ohne Fleisch und ohne Alkohol sein. Der Grundriss der

Stadt ist entworfen wie ein galaktischer Spiralnebel. Heute leben über 2500 Menschen in Auroville. Sie folgen Sri Aurobindos Lehre von der Einheit in der Vielheit und vom geistigen Wachstum. Das Leben ist getränkt von den Versen Sri Aurobindos, des spirituellen Gefährten Mirra Alfassas:

Es war die Stunde bevor die Götter erwachen
Über dem Pfad des göttlichen Geschehens
Lag einsam der Geist der Nacht
In ihrem ewigen Tempel
Unbeweglich hingestreckt am Rand der Stille.[119]

Wie soll ich mir diese Verse in dem nicht endenden Gebrüll von Peking, Berlin oder Los Angeles vorstellen? Mitten in dem alles erfüllenden Lärm und dem alles durchdringenden Licht? Den einsamen Geist der Nacht? Den Rand der Stille?

Ich denke an die Begegnung mit Jürgen. In einer sehr einfachen Hütte, die er mit anderen Menschen zusammen gebaut hat. Der sein Gemüse, seine Nahrung eigenhändig anbaut. Der täglich seine Ziegen und Rinder versorgt. Der schon lange in Auroville lebt und mit einem Euro am Tag auskommt. Der über die Verhässlichung der Welt mit Empörung spricht. Der die Mühsal des Alltags in Auroville nicht beschweigt.

Könnte ich so leben? In dieser Bescheidenheit? In dieser Unbequemlichkeit? In dieser Vergnügungskarg-

heit? Wahrscheinlich nicht. Aber die unausgesproche-
ne Sehnsucht ist ja da und die heimliche Ahnung, dass
es nicht nur gerechter ist, so zu leben, sondern auch
reicher, tiefer und beglückender. Die letzte, bittere und
zugleich hoffnungsvolle Wahrheit ist vermutlich: Unsere Rede von Zusammenhalt, von Tugend bleibt hohl,
wenn sie nicht von dem inspiriert ist, was Jürgen an einem Ort zu leben versucht, wo die spirituellen Bedürfnisse und die Sorge um geistigen Fortschritt wichtiger
sind als die Befriedigung der Bedürfnisse und Leidenschaften, wichtiger als die Suche nach Vergnügen und
materiellem Genuss.

Fast könnte man sagen: Dort verblasst die Frage nach
dem, was uns zusammenhält, und nach der Tugend.
Weil sie einfach, alltäglich, unspektakulär, selbstverständlich da ist. Sehnen wir uns nicht heimlich nach
einem solchen Ort? Die meisten Menschen leben in der
Realität der Megastädte, der Metropolen, der Gegenwart
von Autos, Schulen, Fast Food, Staus, dem täglichen Ge-
dränge in U-Bahnen. Vielleicht kommt aber ja gerade
dort die Sehnsucht nach Stille, nach Einsamkeit, nach
Liebe zum Leuchten? Vielleicht lenkt das urbane Leben
gerade wegen seiner schreiend-schrillen Aufdringlich-
keit den Blick auf die spirituellen Defizite, lässt die
Sehnsucht nach geistigem Fortschritt explodieren? Inmitten des Vergnügens und des materiellen Genusses.
Vielleicht wird die Sehnsucht nach Zusammenhalt und
die Sehnsucht nach Tugend da am stärksten, wo sie
ausgeschlossen ist? Wie ja auch die Liebe in unauflösli-

chem Bund mit dem Schmerz ist. Wo kein Schmerz ist, ist auch keine Liebe. Und wo keine Liebe ist, ist auch kein Schmerz. Und so kann es keinen Zusammenhalt und keine Tugend geben, ohne dass die beiden von der Grundmelodie des Schmerzes begleitet sind. »Sei dankbar für alle Schmerzen«, hat Mirra Alfassa gesagt, »sie sind der kürzeste Weg zum Göttlichen.« Vielleicht ist da was dran?[120] Jedenfalls wird es keinen Zusammenhalt und keine Tugend ohne die Einfachheit und die Radikalität geben. Albert Schweitzer hat das gewusst und schon vor Jahrzehnten den Weg zur Tugend aufgezeigt: »Die Reife, zu der wir uns zu entwickeln haben, ist die, daß wir an uns arbeiten müssen, immer schlichter, immer wahrhaftiger, immer lauterer, immer friedfertiger, immer sanftmütiger, immer gütiger, immer mitleidiger zu werden. In keine andere Ernüchterung als in diese haben wir uns zu ergeben.«[121] Es gelte, mit den Enttäuschungen fertigzuwerden und zu erkennen: Wenn meine Liebe nichts ausrichtet, dann liegt das daran, dass zu wenig Liebe in mir ist. Wenn ich mich als ohnmächtig erfahre gegenüber der Unwahrhaftigkeit, dann hat das damit zu tun, dass ich selber noch nicht wahrhaftig genug bin. Wird meine Friedfertigkeit missverstanden, dann verweist das darauf, dass es mir an Friedfertigkeit mangelt. Der Grund aller Tugend ist, wenn man Albert Schweitzer darin folgen möchte, dass ich mich in allen Erlebnissen auf mich selbst zurückgeworfen weiß und den letzten Grund der Dinge in mir suche – und nicht die Tugend vom anderen verlange, sondern meine zu verlebendigen und zu vertiefen versuche.[122]

Dritte Variation
»Wir haben geweint, als wir dort ankamen«

Olympische Winterspiele in Südkorea 2018, vom 9. bis zum 25. Februar. Sie stehen unausgesprochen unter der Überschrift: Korruption, Kostenexplosion und Kommerz. Zehn Milliarden Dollar haben sie gekostet. Die Winterolympiade in Sotschi 2014 ließ man sich 40 Milliarden Dollar kosten. Dort überschattete die Aufdeckung von massivem Doping die Spiele. Im Dopinglabor, in dem 2014 der russische Geheimdienst mutmaßlich positive Proben vieler seiner Athleten ausgetauscht hatte, befindet sich jetzt eine Bar. Auf der Getränkekarte stehen Cocktails, keine Medikamentencocktails, sondern alkoholische Cocktails. Aber diese Cocktails tragen Namen wie »Meldonium« oder »B-Probe«, sie sind gemischt aus Sambuca, Tequila und Tabasco.[123] Sie verhöhnen den Kampf gegen Doping. Und damit die olympische Idee.

Wenn man die UNO und die Olympischen Spiele als die zentralen Elemente der so dringend benötigten globalen Gemeinschaft versteht, kann man verzweifeln. Wuchernde Korruption bei den Spielen, lähmende Machtlosigkeit bei der UNO. Was hält die durch Kriege,

Elend und Klimaveränderungen gefährdete Weltgesellschaft zusammen? Nichts. Was bestimmt die Weltgesellschaft? Die Gier nach Geld und Macht. Nur leise ist die Stimme derer zu hören, die ihre Sehnsucht nach Frieden und Glück noch nicht aufgegeben haben. Und diese Stimme wird immer wieder zum Schweigen gebracht.

In Südkorea wurde Jahre zuvor für die Winterspiele einer der bedeutendsten Urwälder Südkoreas abgeholzt – gegen das Gesetz und gegen die Widerstände von Umweltaktivisten. Ironie oder doch genauer: Zynismus liegt zutage. Denn 2014 fand in Pyeongchang – Ort der Winterspiele – die 12. UN-Biodiversitätskonferenz statt, auf der beschlossen wurde, »dringende, umfassende und aktive Maßnahmen« zu ergreifen, um den Verlust von Arten und Lebensräumen bis 2020 zu stoppen. Für drei Tage alpines Skirennen wurde der 500 Jahre alte Wald abgeholzt. (Die südkoreanische Regierung hatte zu diesem Zweck den Status des Waldschutzes für dieses Gebiet aufgehoben.) »Wir haben geweint, als wir dort ankamen. Im August begann eine private Firma im Auftrag der Provinzregierung von Gangwon mit der Waldrodung der Abfahrtsstrecke. Inzwischen sind 70 Prozent der Arbeiten abgeschlossen. Wir gehen davon aus, dass am Ende 58 000 Bäume gefällt werden. Es ist ein Massaker mit der Kettensäge und alles nur, um ein paar Tage Skirennen auszutragen. Der Wald auf Mount Gariwang überlebte alle Krisenjahre – Olympia überlebte er nicht«, sagte 2014 die südkoreanische

Umweltaktivistin Kim Choony, die für »Friends of the Earth« arbeitet.[124]

Es kommt in diesem kleinen Ort Pyeongchang im Februar 2018 alles zusammen, was die Ingredienzien einer zum Suizid entschlossenen Weltgesellschaft sichtbar macht: Während in den Verlautbarungen des Olympischen Komitees unablässig von Nachhaltigkeit die Rede ist, bestreuen Schneekanonen diese schneelose Landschaft mit Kunstschnee – und dann rasen die Abfahrtsläufer über eine Piste, an der nichts mehr daran erinnert, dass die Voraussetzung für diesen Dreitagezirkus ein ökologisches Verbrechen war. Eine demente, zu jeder Untat bereite Weltgesellschaft feiert ein Spektakel, das nicht der olympischen Idee, nicht dem friedlichen Wettstreit dient, sondern der mit allen Mitteln der Werbung, der Chemie und der Technik aufgeputschten rücksichtslosen Gier – und der Demonstration der Überlegenheit der reichen Nationen über die Habenichtse. Diese Veranstaltung soll die Versöhnung und Freundschaft der Völker feiern, tatsächlich bildet sie genauestens den Skandal der wachsenden Ungleichheit ab: Wir wohnen einer global auf die Bildschirme übertragenen Materialschlacht bei, die nicht zum Zusammenhalt der Menschen auf dem Planeten, sondern zur Demütigung der Armen beiträgt. Die absurdesten Konsequenzen solchen globalen Wahns kann man in den Ländern sehen, die wie Brasilien und Südafrika Fußballweltmeisterschaften oder Olympische Spiele ausrichten, Stadien und Spielstätten errichten, die gleich anschließend dem Verfall ausgeliefert sind, weil niemand sie braucht. Skandalöses Musterbeispiel ist die Arena Amazònia in Manaus. Das Stadion kostete 300 Millionen Dollar und wurde für genau vier WM-Spiele genutzt. Die Arena Pantanal in Cuiabá sah 2014 vier Weltmeisterschaftsspiele und wurde 2015 wegen konstruktiver Fehler und unbezahlbarer Reparaturarbeiten geschlossen. Es machte Schlagzeilen, weil sich in den Umkleidekabinen Obdachlose ein Heim eingerichtet hatten.[125]

Olympische Spiele, Fußballweltmeisterschaften: Das wollen die Feste einer Weltgemeinschaft sein, die *irgendwie* den Zusammenhalt der sieben Milliarden Menschen feiern. Aber es gibt sie, die großen Feste der anderen Weltgemeinschaft, die noch klein und eher unscheinbar daherkommen, mit ihrem rhizomhaften Charakter, der sich medial nicht besonders ausschlachten lässt.

Vandana Shiva, die indische Wissenschaftlerin und soziale Aktivistin, unterstützt die Vernetzung all derer, die sich als Wächter des Saatgutes verstehen, das von Konzernen und Biopiraten geplündert und angeeignet wird, und damit eine Graswurzelrevolution, die versucht, die Voraussetzungen dafür zu erhalten, dass bäuerliche Gemeinschaften überhaupt unabhängig von Saatgutkonzernen entstehen und überleben können. Die von ihr 1991 gegründete Navdanya-Bewegung widmet sich dem Schutz der Biodiversität und treibt den Kampf gegen die Enteignung des Saatgutes voran. Ohne die Rettung des Verschwindenden wird es eine künftige Gemeinschaftlichkeit, die unabhängig ist von der Belieferung durch Saatgutkonzerne, nicht geben. Der zentralisierten Macht der Konzerne setzt sie dezentrale Strukturen entgegen. Das Mitgefühl, die gegenseitige Hilfe und das Teilen sind die ›Tugenden‹, aus denen diese Bewegung lebt. Das wird nicht – wie die Olympischen Spiele – in allen Sendern übertragen und medial als Weltereignis gefeiert, aber die Saatgutbanken von Vandana Shiva sind für künftige Gemeinschaften sicher wichtiger als der Kampf um Hundertstel und Tausendstel Sekunden. Die Feste und die Feiern derer, die an der Rettung der *Möglichkeit* von Zusammenhalt interessiert sind, haben nichts Pompöses, sind nicht vergleichbar mit jenen Shows, die Weltmeisterschaften und Olympische Spiele umrahmen. Sie kommen einfach daher, ohne große Bühnen, ohne Scheinwerferlicht und ohne Menschenmassen: Denn das, was zur Rettung gebraucht wird, das ist eine dezentrale Angelegenheit. Nelson Mandela, der jahrzehntelang auf Robben Island im Gefängnis saß und dennoch und gerade deshalb aus der Isolation heraus die Welt veränderte. Martin Luther King, der friedlich gegen die Rassentrennung demonstrierte und am 4. April 1968, als er einen Protestmarsch streikender Müllmänner unterstützen wollte, erschossen wurde. Mahatma Gandhi, der mit gewaltfreiem Widerstand gegen die koloniale Ausbeutung kämpfte und 1948 einem Attentat zum Opfer fiel: Er stritt für ein von der bäuerlichen Lebensweise geprägtes Wirtschaftssystem in Indien. Und sein Tugendkatalog ist auf bemerkenswerte Weise verwandt mit dem, was von Meister Eckart bis Albert Schweitzer im Westen gegolten hat und gilt (wenn man denn die Stimme der Überhörten hören will): *Satyagraha*: das beharrliche Festhalten an der Wahrheit. *Ahimsa*, die Gewaltlosigkeit, *Swaraj*, die individuelle und politische Selbstkontrolle.

Die Feste der anderen unterscheiden sich von den glitzernden Winter- und Sommerspielen, denen jede Nachdenklichkeit abgeht, bei denen aber Millionen über Millionen Dollar verbrannt werden. So sieht die Feier der anderen aus: 1980 wurde ein Mazahua-Führer auf dem Rückweg vom Friedhof getötet. Die Mazahua sind ein kleines mexikanisches Volk, ständig im Kampf gegen Ausbeutung und Unterdrückung, gegen Raub und Enteignung. Die Schmetterlinge, so wird gesagt, trinken die Tränen derer, die die Ermordeten, Vergewaltigten und Verschwundenen jedes Landes betrauern. Julio Garduño Cervantes hat ein Gedicht geschrieben, das den Mord an dem Mazahua-Führer in Erinnerung ruft.

Du wolltest meine Existenz verleugnen
Aber ich leugne nicht deine.
Aber ich existiere. Ich bin Mazahua.
(…)
Du hast meine Vorfahren versklavt.
Du hast ihr Land gestohlen und sie ermordet.
(…)
Ich baue das Haus, aber du lebst darin.

Du bist der Kriminelle, aber ich bin im Gefängnis.

Wir machten die Revolution, aber du hast davon profitiert.

Meine Stimme erhebt sich und verbindet sich mit Tausenden anderen.

Und vereint wiederholen wir: Wir sind Mazahuas!

Unsere Hände werden für alle säen.

Unsere Hände werden für alle kämpfen.

Ich bin Mazahua![126]

Aus dem Boden wächst der Zusammenhalt und wächst die Tugend, die dann sagen kann: »Unsere Hände werden für alle säen.«

Vierte Variation
Die großen Gefühle

Der Nationalsozialismus war eine Zeit großer, gefährlicher, brutaler Gefühle. Wer Joseph Goebbels in seiner Sportpalastrede, die er am 18. Februar 1943 gehalten hat, sieht und hört, wie er fragt und schreit: »Wollt ihr den totalen Krieg?«, der kann die massenhafte Gefühlsaufwallung im tausendfach gebrüllten »Ja!« sehen und hören. Vielleicht ist es so: Da standen Menschen, die dazu erzogen worden waren, keine Gefühle zu kennen, ihre Gefühle zu unterdrücken, alles im Panzer, der über die Empfindungen gezogen war, zum Schweigen zu bringen. Und dann das nationalsozialistische Ventil, das es jedem endlich erlaubte, seine Neurosen herauszuschreien, und das in dieser Gefühlsschreierei erfolgreich in einen Hass auf Juden, »Zigeuner« und »Volksschädlinge« kanalisiert wurde. Im Bündnis mit einem Reinigungswahn, einem völkischen Waschzwang, der das Schwache, das Behinderte, das Alte triumphierend der Vernichtung preisgibt. Unterdrückte Gefühle, die nun explodieren und dann die Errichtung von Gaskammern als einen unvermeidlich-erlösenden Akt erscheinen lassen, in dem die phantasierte Reinheit triumphiert. Der Nationalsozialismus ist ein Blutbad, das sich als tugendhaft ausgibt, weil es doch das Schädliche, »die Schädlinge« aus›merzt‹. Unkrautvernichter aus erbarmungsloser Leidenschaft, ein auf Ausrottung bedachter Gärtnerstaat. (Das Wort ›ausmerzen‹ stammt übrigens aus dem 16. Jahrhundert, es kommt aus der Schafzucht. Im März wurden die für die weitere Zucht ungeeignet erscheinenden Tiere aus der Herde ausgesondert – ›ausgemärzt‹.) Der Verdacht ist, dass die Anhänger des Nationalsozialismus auf eine entsetzliche Weise mit sich im Reinen waren, weil ihre privaten Gefühle und die öffentlichen Taten endlich einmal in Übereinstimmung waren. Die ›wahren‹ Gefühle können eben auch schrecklich sein.

Den nationalsozialistischen Gefühlseruptionen folgte eine Epoche vergletscherter Gefühle. Die Täter hüteten sich fortan, etwas von sich zu erkennen zu geben,

Schweigen wurde ihr Metier, und das Soldatisch-Diszi-plinierte senkte sich wie eine Glocke über ihre Kinder. Fortan galt die Devise: Hüte dich vor Gefühlen, man hat ja gesehen, wohin das führt. Der beginnende Güterfluss und das allmähliche Hineinrutschen in die Wohlstands-gesellschaft haben uns an die Wühltische der großen Kaufhäuser geführt, und die Gefühle, das Innenleben, wurde mit Klamotten überdeckt und mit Fressorgien übertönt. Auch das immer beherrschender werdende Fernsehprogramm lieferte Gefühle im Zehnerpack, konsumierbare Emotionen, in Kombination mit der Schlagerindustrie, die die Sehnsüchte der Menschen aus dem grauen Alltag in die Jukebox verlagerte. Wohl nie hat der Zusammenhalt in der Kleinfamilie besser funktioniert als in diesen frühen 60er und 70er Jahren, das Gezänk gehörte als Bindemittel dazu. »Dalli, Dalli« mit Hans Rosenthal – auf den Spruch »Das ist Spitze!« warteten alle vor dem Fernseher versammelten Fami-lienmitglieder, und mein Vater pflegte, fasziniert und mitgerissen, zu murmeln: »Er ist ja Jude ...«

In der Leistungsgesellschaft kann man sich große Ge-fühle nicht leisten. Um der Karriere willen scheint es angeraten, sich vor radikalen Leidenschaften, entfessel-ter Liebe und vor starken Gefühlen in Acht zu nehmen.

»Wissen Sie, was euch nottut?«, fragt der Wilde. »Etwas mit Tränen. Zur Abwechslung. Bei euch kostet nichts genug.« Der Wilde ist die Außenseiterfigur in Aldous

Huxleys »Schöne neue Welt«. In dieser Welt herrscht eine stumpfe Grundstimmung, in der Helden und Deserteure auf eine Insel abgeschoben und dort isoliert werden. »Mein lieber junger Freund«, sagt der Vertreter der leidenschaftslosen Ordnung, »die Zivilisation hat nicht den geringsten Bedarf an Edelmut oder Heldentum. Derlei Dinge sind Merkmale politischer Untüchtigkeit. In einer wohlgeordneten Gesellschaft wie der unseren findet niemand Gelegenheit zu Edelmut oder Heldentum. Solche Gelegenheiten ergeben sich nur in ganz ungefestigten Verhältnissen. Wo es Kriege gibt, Zwiespalt der Pflichten, Versuchungen, denen man widerstehen, und Liebe, die man erkämpfen oder verteidigen muß – dort, ja dort haben Heldentum und Edelmut einen gewissen Sinn. Heute gibt es keinen Krieg mehr. Übergroße Liebe zwischen Menschen verhindern wir mit möglichster Sorgfalt.«[127] In seine Antwort auf diese Lobrede über den organisierten Stumpfsinn flicht der Wilde Sätze des – längst verbotenen – Shakespeare ein: »Alles Unangenehme ausrotten, statt es ertragen zu lernen! Ob's edler im Gemüt, die Pfeil' und Schleudern des wütenden Geschicks erdulden, oder, sich waffnend gegen eine See von Plagen, durch Widerstand sie enden (…) Ihr tut weder das eine noch das andere. Weder erdulden noch widerstehen. Ihr schafft nur die Pfeile und Schleudern ab.«[128]

Wir leben nicht in der schönen neuen Welt, die Huxley beschreibt, in der eine durchorganisierte ›Zivilisation‹

Kriege ebenso abgeschafft hat wie die Liebe. Wenngleich die Zahl der Kriege tatsächlich abgenommen hat und an der Abschaffung der Liebe gearbeitet zu werden scheint, ver›tindert‹ wie sie ist. Die digitalisierte, konsumistische Welt bricht der Liebe ihre Spitze ab und lässt sie zu einer entkörperten, auf Durchschnittstemperaturen heruntergekühlte Beziehungsmixerei werden.

Die großen Gefühle: Das ist ein heikles Pflaster. Aber angesichts der Bedrohung, die der Gesellschaft, in der wir leben, ins Haus steht, ist der Blick beharrlich auf die Gefühle zu lenken. Sie allein können der technokratischen Vergletscherung, die sich Politmanager vorstellen, etwas entgegensetzen. Die großen Gefühle – das sehen wir aufs Neue in der Gefühlspolitik der Populisten – können in die Irre führen. Aber ohne sie wird der Staat zum Eisschrank. Eine wichtige Zukunftsfrage ist das: Können wir uns den Zusammenhalt in der Gesellschaft nur noch vorstellen als das Ergebnis von Planung und digitalisierten Steuerungsimpulsen? Eine Glasfasergesellschaft gewissermaßen, deren kaltes Blut unter den Platten des Bürgersteigs verborgen läuft? Und die Gefühle werden dabei zu einer etwas peinlich-vormodernen Privatsache? So würde der Zusammenhalt ein maschineller sein, einer, dem das Leben ausgetrieben ist. Nietzsches Satz »Gott ist tot« wäre um die Erkenntnis zu ergänzen: »Die Gesellschaft ist tot.« Und darum ist die nächste Variation, die fünfte Variation, ein notwendiges Memento.

Fünfte Variation
»Väter und Mütter, gebt mir eure Kinder«[129]

Am 4. September 1942 versammeln sich etwa 1500 Menschen auf dem Platz der Feuerwehr im Getto Lodz. Der Judenälteste Mordechai Chaim Rumkowski, er ist 66 Jahre alt, steigt auf einen Schreibtisch und beginnt seine Rede: »Dem Getto wurde ein furchtbarer Schlag versetzt. Man verlangt von ihm, dass es das Kostbarste hergibt, was es besitzt – Kinder und alte Menschen. Auf meine alten Tage muss ich meine Hand ausstrecken und flehen: Brüder und Schwestern, gebt sie mir her! Väter und Mütter, gebt mir eure Kinder.« Die Deutschen verlangen von ihm die Auslieferung aller Kinder unter zehn Jahren, aller Alten über 65 Jahre sowie der Kranken. Alle Bemühungen Rumkowskis, die Ausführung des Befehls aufzuhalten oder ihn zu mildern, sind vergeblich. In seiner Rede, die zu den erschütterndsten Dokumenten in der Geschichte der Shoa gehört, sagt er: »Ich muss diese schwere und blutige Operation durchführen, ich muss die Gliedmaßen abtrennen, um den restlichen Körper zu erhalten! Ich muss euch die Kinder nehmen, denn wenn nicht, könnten auch andere genommen werden.«

Rumkowski bittet die Zuhörer, ihn bei der Durchführung der Aktion zu unterstützen. Es wird berichtet, dass die Menschen rufen: »Wir werden alle gehen!«, und: »Nehmen Sie je ein Kind aus den Familien, die mehrere haben!« Mütter laufen weg, um ihre Kinder zu verstecken, und Väter kündigen an, ihre Kinder lieber eigenhändig umzubringen, als sie den Deutschen auszuliefern. Der Judenälteste, selbst verzweifelt, sagt, dass die Zahl derer, die gerettet werden können, viel größer sei als die Zahl derjenigen, die herausgegeben werden müssen.

Das Getto hatten die Deutschen nach dem Nazigeneral »Litzmannstadt« genannt. Jósef Zelkowicz hat die Rede Rumkowskis aufgeschrieben, das handschriftliche Original dieser Rede vom 4. September 1942 ist im Staatsarchiv Lodz aufgehoben.

Fast 6000 Kinder wurden nach dieser Rede deportiert – und ermordet. Tausende Alte auch, so wurden die vorgegebenen Zahlen erfüllt. Der Chronist Zelkowicz notierte: »Alle Herzen sind vereist. Alle Hände sind gebrochen. In allen Augen zeigt sich Verzweiflung.« Rumkowski spielte Poker mit dem Teufel, hat der Überlebende Abraham Biderman gesagt. Am Ende wurden nahezu alle Gettobewohner nach Kulmhof und Auschwitz deportiert – auch Chaim Rumkowski selbst. Er wurde am 28. August 1944 mit dem letzten Transport nach Auschwitz-Birkenau gebracht und wahrscheinlich sofort vergast.

Nichts, nichts, nichts kann ich zu dieser Geschichte sagen. Weil ich alt bin, höre ich die Geschichte der zur

Vergasung ausgelieferten Alten anders, als sie ein junger Mensch vielleicht hört. Aber die Verzweiflung der Väter und Mütter, die ihre Kinder »hergeben« müssen, die ist nicht einmal zu erahnen. Ob Chaim Rumkowski anders hätte handeln sollen: Es steht mir nicht zu, darüber ein Wort zu verlieren. Diese Rede ist auch keine Fallgeschichte für ethische Diskurse: Sie berichtet über den blanken, unbesprechbaren Horror. Das Nachdenken über »Tugend« ist mit diesem Ereignis und mit dieser Rede an ihr Ende gekommen. Das einzig Mögliche im Umgang mit dieser deutschen Tat scheint mir ein schwarzgefärbtes Schweigen zu sein. Und das ist vielleicht die einzige Lehre, die aus dieser Geschichte gezogen werden kann und die nicht in den Verdacht gerät, einen Beitrag zur Verharmlosung des Ungeheuerlichen zu leisten.

Die Verharmlosung des Ungeheuerlichen ist uns zur Gewohnheit geworden. Weniger als 90 Autominuten von meinem Wohnort entfernt liegt Büchel. Ein kleiner Ort. Ein Fliegerhorst. In Büchel in der Eifel lagern acht Meter unter der Erde etwa 20 amerikanische Atombomben vom Typ B 61. Sie liegen da in Bunkern, streng bewacht von der Bundeswehr. Jede der Bomben, die dort unterirdisch auf ihren Einsatz warten, hat eine Sprengkraft, die größer ist als die der Bombe von Hiroshima. Im Ernstfall sollen deutsche Tornados die Bomben ins Ziel bringen. Es wird berichtet, dass Vorbereitungen zur Modernisierung dieser Atombomben bereits begonnen haben, denn die Bomben stammen noch aus der Zeit des Kalten Krieges. Jetzt wird aus dem Typ B 61 der modernisierte Typ B 61-12. Auf eine Anfrage der Grünen hat die Bundesregierung geantwortet, dass die USA planen, die in Büchel gelagerten Atombomben einem »Lebensverlängerungsprogramm« zu unterziehen.[130] Man muss sich fragen, wohin es mit dem Wort »Leben« gekommen ist, wenn es auf Atombomben angewendet werden kann. Die Sprachungeheuerlichkeit kann ich nur ertragen, wenn ich mich an den Jesuiten Daniel Berrigan erinnere, der in den USA zu zehn Jahren Haft verurteilt wurde, weil er zwei Atomsprengköpfe zertrümmert hat. Er drang 1968 in eine Atomwaffenfabrik ein, zerstörte mit anderen zusammen zwei Sprengkopfhülsen mit Hämmern. Danach gossen die ›Täter‹ Blut, das sie sich zuvor abgezapft hatten, auf Werkzeichnungen und Werkzeuge. Berrigan sagt: »Manche mögen denken, dass Spiritualität und politische Aktionen absolute Gegensätze sind, aber zum Glück kenne ich Tausende gläubiger Menschen, die sich mit voller Überzeugung durch Protestaktionen und Einsätze gegen ungerechte Machtverhältnisse zum Wort Gottes bekennen. Was könnte der Mensch heute sein, wie würden die Strukturen aussehen, wenn der Mensch wirklich Mensch wäre? Das wissen wir nicht. Das wagen wir kaum zu wissen. Wir finden uns ab mit unserer Ebene und treiben mit der Strömung.«[131]

Schweigen ist anstößig. Als ich mich mit einigen Kollegen meines Fachbereichs an der Universität Gießen 1983 im Angesicht des Nachrüstungsbeschlusses der NATO zur Aufstellung neuer Raketen entschieden habe, im Foyer des Universitätsgebäudes eine Reihe von Tagen zu fasten und zu schweigen, ernteten wir eher Unverständnis bei den Lehrenden und Studierenden, höhnische Toilettensprüche, aber auch Unterstützung. Ein konservativer, sichtlich verblüffter Kollege schickte einen großen Blumenstrauß.

Es gab eine ganze Reihe ähnlicher Initiativen in Deutschland. Menschen, die sich zu bestimmten Stunden an verkehrsreichen Kreuzungen versammelten, in der Kälte standen, von einem Fuß auf den anderen traten. Ohne ein einziges Wort zu sagen. Sie standen einfach da und achteten darauf, den Verkehr nicht zu behindern. Allenfalls hielt einer ein Schild, auf dem der Grund dieser schweigenden Versammlung genannt war: »Ich schweige, weil ich über atomare Vernichtungsmittel nichts zu sagen habe.«[132] Und sie zerstreuten sich, immer noch schweigend, wenn die Stunde vorüber war.

Ich habe beim Nachdenken über diesen heimlichen lebensverlängernden »Modernisierungsbeschluss« bemerkt, wie unberührt mich die Tatsache in den letzten Jahren gelassen hat, dass wir auf Waffen sitzen, von Waffen umgeben sind, die ganz Europa auf einen Schlag vernichten könnten. Hamburg, Dresden, Berlin, Frankfurt am Main sowieso. Offensichtlich ist es nicht schwer, sich an den größten denkbaren Horror zu gewöhnen. Ivan Illich hat vier Gründe zusammengetragen, warum gegenüber dieser zunehmenden Gefühlskälte, dieser Ignoranz gegenüber dem Schrecken, ein gewaltfreies, defensives Schweigen geübt werden muss.

Erstens, so sagt Illich, seien Atombomben Genozid-Maschinen, die zu keinem anderen Zweck da sind als zum Völkermord. Völkervertilgungsmittel dieser Art sind in den 40er Jahren des vorigen Jahrhunderts ersonnen und gebaut worden, zur gleichen Zeit wie auch die Konzentrationslager. Wir sitzen in Deutschland ungerührt auf diesen atomaren Genozid-Maschinen. Die Lager waren vier Jahre in Betrieb, bevor die »Enola Gay« ihre Bombe auf Hiroshima warf. Die eine löste die andere ab.

Es waren Deutsche, die diese Lager betrieben. Der Existenz von Atombomben – das war das Gefühl vieler Deutscher in diesen 80er Jahren – sei auf deutschem Boden zu widerstehen, »ohne ein einziges Wort darüber zu verlieren«.[133]

Auf die Atombombe als Genozid-Maschine kann ich mich beziehen, in dem ich nachweise, dass es sich bei der Atombombe um eine Genozid-Maschine handelt. Damit ist die Argumentation über Atombomben beendet. Wenn ich in die Argumentation darüber einsteige, ob sie nicht doch aus verteidigungstaktischen Gründen notwendig sein könnten, dann entwürdige ich mich als Sprechender. Ich kann mich nicht an einer Diskussion beteiligen, in der, wie vorsichtig auch immer, mit Völkermord gedroht wird. Wir haben uns so an die Gegenwart dieser Vernichtungswerkzeuge gewöhnt, dass uns ihr potenzielles, lauerndes Grauen nicht quält. Wahrscheinlich produzieren diese Maschinen, ob Lager, ob Bombe, eine eisige Gefühlskälte, damit das Ungeheuerliche nicht in uns explodiert. Dass der Umgang mit diesen Genozid-Maschinen eine beispiellose Entmenschlichung voraussetzt, wurde in einem Gespräch deutlich, das Günter Jauch 1995 mit dem Bomberpiloten Charles Sweeney, der am 9. August 1945 die Atombombe auf Nagasaki geworfen hatte, führte: »Mister Sweeney, Sie waren damals knapp 20 Jahre alt und haben eigenhändig über 100 000 Menschen umgebracht, mehr als jeder andere zuvor, ausgenommen ihr Staffelkamerad Major Claude Robert Eatherly drei Tage vorher. Was ist da in Ihnen vorgegangen?« Die Antwort Sweeneys war: »Befehl ist Befehl, jeder Soldat der Welt hätte dasselbe getan.«[134]

Der 87-jährige amerikanische Investor George Soros hat auf dem Weltwirtschaftsgipfel in Davos am 26.01.2018 vor der Gefahr eines Atomkriegs gewarnt. Es stehe nicht nur das Überleben der offenen Gesellschaft auf dem Spiel, sondern die Zivilisation insgesamt. Aber was er sagte, verhallte ungehört. In einer merkwürdigen Lähmung haben sich die Menschen weltweit offenbar dazu entschlossen, die Atombomben als eine Art Versicherung gegen den Untergang zu betrachten. Die Wirkung dieser Maschinen ist aus der Erinnerung verschwunden. Eigentlich heißt das, dass der gesellschaftliche Zusammenhang, in dem wir leben, von Genozid-Maschinen garantiert werden soll. Wie werden die Menschen, die nach uns leben werden, wenn sie denn nach uns leben, über die kalte Ruhe, mit der wir das heute ertragen, denken? Der Begriff »Tanz auf dem Vulkan« ist für das, worauf wir sitzen und vertrauen, ja noch ein harmloser Begriff.

Sechste Variation
»Sich selbst als eine Geisel dem Wohl und Wehe des Anderen ergeben«

Ja, wir leben in den Trümmern vergangenen Zusammenhalts, in denen die Tugenden wie weggeworfene Puppen herumliegen. Der einen ist ein Bein, der anderen ein Arm, der dritten der Kopf abgerissen, und die Lumpen quellen aus ihnen heraus. Aber es sind die sonderbaren Heiligen, denen es gelingt, aus den Trümmern mit dem, was herumliegt, neue Schutzhütten zu bauen. Die es schaffen, die zerrissenen Puppen wieder zum Leben zu erwecken. Die Frage nach dem, was uns zusammenhält, taucht auf, wenn der Zusammenhalt gefährdet ist. Die Frage nach den Tugenden erscheint, wenn die Tugenden verschwinden. Der Philosoph Zygmunt Bauman hat die Frage gestellt, ob die flüchtige Moderne, in der wir leben, alles in den Schatten stellt, was wir aus Aldous Huxleys »Schöne neue Welt« und George Orwells »1984« an Albträumen kennen: Dort werden Lebenswelten beschrieben, die ohne soziale Bindekräfte auskommen. Stattdessen herrschen Steuerung und Kontrolle. Sie machen die Frage nach dem, was uns zusammenhält, überflüssig.

Auf die Worte von Albert Schweitzer, von Daniel Berrigan, von Mahatma Gandhi, von Mirra Alfassas habe ich mich bezogen, um deren gemeinsame Grundmelodie in Erinnerung zu rufen: dass Zusammenhang und Tugend nur aus dem Einfachen, dem Mutigen, dem Radikalen, dem Widerständigen erwachsen kann. Es muss gelingen, der verlogenen Beschwörung von ›Gemeinschaft‹ und ›Werten‹ die Maske abzureißen und die Tugenden dahin zurückzubringen, wo sie ›aus dem Boden‹ wachsen. Ich schaue mir an, wie in den Zeitungen, die ich lese, enthusiastisch darüber berichtet wird, welches Viertel in welcher Großstadt gerade *in* ist und zum Szeneviertel wird. Und ich verdächtige das Leben, von dem da die Rede ist (Kneipen, die ›Künstlerszene‹, alternative Kultur), als ein nur vorgespieltes. Über Kreuzberg heißt es in einer »exklusiven« Studie: »Die Gentrifizierung hat die ehemalige Hochburg des linken Multikultiviertels mit Verzögerung erreicht. (…) Inzwischen ist aus Kreuzberg ein szeniger und junger Stadtteil geworden. Der Kiez ist zweigeteilt. Nachts füllen sich die Straßen um das Kottbusser Tor und den Görlitzer Bahnhof mit Partygästen. Gemächlicher geht es rund um die Bergmannstraße zu: Hier leben vor allem junge Familien, die in hippen Biogeschäften und Fairtrade-Läden einkaufen.«[135]

In Duisburg, so ist zu lesen, hat ein Rentner drei Jahre lang tot in seiner Wohnung gelegen. Der alleinstehende Mann wurde erst entdeckt, als Maler kamen, um die Wohnung zu streichen. Monteure, die irgendwann da waren, um das Schloss auszuwechseln, haben den Toten nicht bemerkt. Dass der Mann schon 2015 gestorben ist, wurde aus der aufgeschlagenen Fernsehzeitung abgeleitet. Es ist eben ein Haus mit hoher Fluktuation, heißt es. Die Hausverwaltung wurde erst aufmerksam, als der Rentner auf Mieterhöhungen nicht reagierte.[136]

Was lerne ich aus der Frage nach dem Zusammenhalt, die dem exklusiven Bericht über Szeneviertel in Deutschland entstammt, und was aus der kleinen Randnotiz über diesen Rentner? Dass etwas fehlt. Das Leben der im hippen Bioladen einkaufenden Mutti kann genauso einsam sein wie das des Rentners, der drei Jahre lang unentdeckt in seiner Wohnung liegt. Oder langweilig. Nur aufrüttelnde Sätze, entlarvende Sätze, radikale Sätze können aus diesen kommunikativen Wüsten erlösen. Zygmunt Bauman, der 2017 verstorbene Philosoph, kann uns da zu Hilfe kommen. Der Mensch muss sich »selbst als eine Geisel dem Wohl und Wehe des Anderen« ergeben, sagt er. »Ich bin frei, so weit ich eine Geisel bin. Ich bin ich, insoweit ich für den Anderen bin.«[137] Und er fügt hinzu: »Moral ist Begegnung mit dem Anderen als Antlitz.«[138] Wie weit ist die Beschreibung des Berliner Szeneviertels von dem entfernt, wovon Bauman spricht? Sollte er sich nicht am besten, lebte er noch, zu der obdachlosen Tugend gesellen, die auf dem Bürgersteig sitzt und bettelt? Der Weg zu einer Wiederverzauberung der Welt, der Weg zur Rekonstruktion von Lebenswelten mit starker sozialer Bindung, ist ein langer und ein schwieriger. Bauman geht davon aus, dass diese Wiederverzauberung damit beginnt, dass Moral personalisiert wird. Wir müssen sie aus dem »steifen Panzer konstruierter ethischer Codes herauslassen«.[139] Es gebe – so Bauman – nur eine moralische Möglichkeit – eben die, »sich selbst als eine Geisel dem Wohl und Wehe des Anderen zu ergeben«.[140] Ist das mehr als ein verzweifelter Rettungsversuch, der sich aus den Trümmern der alten kodifizierten Tugenden und Moralen erheben möchte? Die alten Tugenden: die Tapferkeit, die Weisheit, die Gerechtigkeit, die Mäßigung, der Glaube, die Liebe, die Hoffnung: Wie oft sind sie auf Fresken und als Skulpturen dargestellt und in der Literatur beschworen worden! Ihr Kern ist noch immer jenseits der reinen radikalen Subjektivität zu finden: wo ich mich als der Mensch entdecke, der für den anderen da ist. Aus diesen Tugenden kann sich die Blüte einer neuen, am anderen orientierten Moral entfalten. Vorbei an den neuen Kasernen der Ethik: den Ethikkomitees, der political correctness, den Rauchverboten. Oder spaltet sich die Welt, in der wir leben, gerade auf in das Areal der neuen nomadischen Eliten, die, an nichts Heimatliches, Lokales mehr gebunden, ihre Geschäfte betreiben und jeder moralischen Zumutung Adieu gesagt haben, und in jenes derer, die ihre Territorien, ihre Volkstänze, ihre Fremdenfeindlichkeit und das, was sie ihre Kultur nennen, zu verteidigen versuchen?[141] Edelnomaden und Volkspüree als Zerfallsprodukte der untergegangenen Gesellschaft. Kann man sich überhaupt noch eine Brücke zwischen diesen Lebenswelten vorstellen? Einerseits die »postmoralischen« nomadischen Eliten, andererseits die fremdenfeindlichen Territorialisten. Verbindet die überhaupt noch etwas? Die Hoffnung ruht auf dem Wunder: dass die voneinander Abgeschotteten es doch irgendwie wieder miteinander zu tun bekommen. Die alte Dorfgemeinschaft, die bürgerliche Nachbarschaft – solche (keineswegs idyllischen) Modelle des Zusammenhalts kehren natürlich nicht wieder. Es bedarf einer Umkehr, einer Revolte, eines Neuanfangs, einer Wiederverzauberung. Warum sollte sie nicht möglich sein? Es gibt kleine, zarte Pflänzchen, die das zeigen. Aber es wird nicht ohne die Pflege und den Mut und die Phantasie und die Freundschaft gehen. Ich nenne ein Beispiel. Nicht zufällig betrifft es das Wohnen. Weil das Wohnen ja vielleicht der Anfang für das ist, was Gemeinschaftlichkeit entstehen lässt. Erinnern wir uns noch einmal an das *szenige* Viertel. An den Rentner, der drei Jahre unentdeckt tot in seiner Wohnung liegt. »Sage mir, wie du wohnst, und ich sage dir, wie du lebst.«

In vielen Sprachen kann man statt ›wohnen‹ auch ›leben‹ sagen. »Wo leben Sie?« Das ist die Frage nach dem Ort, wo ich zu Hause bin. Wohnraum – so hat es Ivan Illich ausgeführt – war immer Lebensspur.[142] Ob es der geschichtete Stein war oder ob es geflochtene Palmblätter waren: Traditionelle Behausung war nie fertig, konnte nie ›schlüsselfertig‹ sein. Es gab immer etwas am Hof, an der Hütte, am Haus zu tun. Bei Nomaden war es das Zelt, an dem es immer etwas zu flicken galt. In der Stadt war es lange nicht anders. Jedes Wohnviertel war bis in das 18. Jahrhundert ein ungeplantes Resultat ineinanderwirkender Wohnkünstler. Und Wohnen, ob in der Stadt, ob auf dem Land, so bunt und unterschiedlich wie die Sprachen, die Dialekte, die jede Siedlung, jedes Haus färbten. An die Stelle dieser lebendigen Gebilde sind Menschengaragen getreten, in denen Arbeitskräfte bei Nacht nah an ihrem Transportmittel verstaut werden. Und so hinterlässt Wohnen keine Spur mehr in der Landschaft, sondern der Mensch ist zum Konsumenten von Wohnraum geworden. Gemeinschaft kann darum eigentlich nur gegen das Offensichtliche verwirklicht werden. Als Robert Habeck am 27.01.2018 zum Parteivorsitzenden der Grünen gewählt wird, stellt er die Aufgabe, »den gesellschaftlichen Zusammenhang wiederherzustellen«, in den Mittelpunkt seiner Rede. Die Grünen müssten die Strukturen so verändern, dass keine Menschen verloren gehen.[143] Weiß er, was für eine Herkules-Arbeit das ist? Menschen gehen verloren durch zunehmende soziale Ungleichheit, durch das Schrumpfen des Sozialstaates. Durch die Reprivatisierung der Lebensrisiken. Ja. Aber wie kann

Zusammenhalt neu gestrickt werden? Der öffentliche Raum, jenseits der eigenen Schwelle, war traditionell bewohnbar, gehörte zur »Gemeinheit«. Die Straße war der Ort, auf den man seinen Stuhl stellen konnte, wo das nachbarschaftliche Gespräch stattfand, wo man wettete oder klatschte, sich seinen Kaffee servieren ließ. Längst ist die Straße zur Fahrbahn geworden. »Immer und überall hat bisher ökonomischer Fortschritt den Verfall der ›Gemeinheit‹ und die Unterbringung im Wohnknast bedeutet.«[144] Kleine Ansätze zeigen inzwischen in eine andere Richtung: Da entstehen Gemeinschaftsgärten in Baulücken. Urban Gardening ist nicht selten eine Kooperation zwischen Hiesigen und Neuankömmlingen, seien es Flüchtlinge, seien es die, die früher Gastarbeiter hießen. Die Wiederentdeckung eines raumbildenden gemeinsamen Lebens steht an den Rändern des Fortschritts auf dem Programm. Auf längere Sicht ist Raum, in dem das Leben seine Spuren hinterlassen kann, ebenso wichtig wie Wasser und Luft, damit Menschen wirklich leben können.

Und das geht nicht ohne Freundschaft. Und darum muss das letzte Wort in diesem Text der Freundschaft gelten. Freundschaft, die auch in der Hütte, auch im Szeneviertel und selbst im eiligen Leben der nomadischen Elite eine kleine Chance hat. Sie muss nur ergriffen werden.

Freundschaft, in der sich die Frage nach dem Zusammenhalt und die nach der Tugend treffen, kann sich längst nicht mehr nur auf die Freundschaft zwischen Menschen beschränken. Sie öffnet sich für die Natur, für das, was wir Umwelt zu nennen uns angewöhnt haben, oder sie ist nichts wert. Wenn sie nicht begleitet ist von dem Respekt noch für die kleinste Ameise, ist sie eitles Geschwätz. Freundschaft ist durchglüht von der Liebe, die von Demut getragen ist. Sodass meine Liebe nicht ›zum tönenden Erz oder zur klingenden Schelle‹ wird.

Das wichtigste Wort, das Freundschaft mit Klarheit füllt, heißt heute Selbstbegrenzung. Sie beginnt mit der Selbstbegrenzung und einem ›von unten‹ organisierten Miteinander. »Ich plädiere für eine Erneuerung asketischer Praktiken, damit unsere Sinne in den durch die ›Show‹ verwüsteten Welten, inmitten überwältigender Informationen, lebenslänglicher Beratung, Intensivdiagnostik, therapeutischem Management, Invasion von Beratern, Terminalpflege, Geschwindigkeit, die einem den Atem raubt, lebendig bleiben.«[145] So Ivan Illich, den wir hier zum Schluss noch einmal zu Wort kommen lassen, der ein Weiser des 20. Jahrhunderts war und der hier für unsere Zeit über Freundschaft vielleicht das Wichtigste gesagt hat.

Die Menschen dieser Zeit empfinden sich als Menschen, die – was die Tugenden, die Moral, die Ethik, die Werte (wie immer die Worte heißen mögen) betrifft – ganz auf sich zurückgeworfen sind. Die Quelle der Moral kann, folgt man Zygmunt Bauman, nur in mir liegen. Keine von außen, von Gott oder der Philosophie kommenden Tugendgesetze haben Bestand. Insofern sind wir, so scheint es, von aller Tradition abgeschnitten. Der über Jahrtausende gesungene, gebetete, gemurmelte Psalm ist verhallt. »Gott, du hast mich gelehrt von Jugend auf, und bis jetzt verkünde ich deine Wunder. Auch im Alter noch, wenn ich grau werde, verlass mich nicht, o Gott, dass ich deinen Arm der Nachwelt verkünde, deine Kraft allen, die noch kommen werden, und deine Gerechtigkeit, o Gott, für und für« (Psalm 71,17f.). Nicht ohne Erschütterung nehme ich zur Kenntnis, dass diese bewegten und bewegenden Worte keine Resonanz mehr finden. ›Alle, die noch kommen werden‹: Die werden wohl davon ausgehen, dass sie auf sich zurückgeworfen sind. Dass sie, was geschehen muss, selber machen müssen. Es ist eine gnadenlose Welt. Eine Welt ohne Gnade. Mir kommt der moralische Imperativ Zygmunt Baumans, dass ich mich »zur Geisel des Anderen machen muss«, wenn ich ethisch handeln will, einleuchtend, kalt und selbstherrlich vor. Es spricht der von allen guten Geistern verlassene und dennoch um Rettung bemühte Mensch, der allein wie eine Sternschnuppe durch die Stratosphäre rast, um zu verglühen. Ich lebe aber doch in Wirklichkeit von der Wärme, die mir in der Freundschaft geschenkt wird. Sie wird mir geschenkt, obwohl ich sie nicht verdient habe. Da ist dann plötzlich doch das Geschenk der Gnade, die pure Überraschung ist. Die immer ein Wunder ist. Ich kann nicht erklären, woher sie kommt. Freundschaft ist das letzte Wort über den Zusammenhalt. Freundschaft ist das Erfahrungsfeld der Tugend. In den großartigen Worten des aus unserer Welt verschwundenen Apostels Paulus, in dem die sehnsuchtsvolle Brüchigkeit sichtbar wird: »Jetzt ist mein Erkennen Stückwerk, dann aber werde ich völlig erkennen, wie ich auch völlig erkannt worden bin.« Wie schön dieser unbegreifliche Satz.

Worauf läuft das alles hinaus?

Im August 2018 herrschen in Chemnitz Zustände, die chaotisch anmuten. Bürgerkrieg? Bilder aus einer zerbrechenden Gesellschaft? Ein rechter Mob, Neonazis inbegriffen, macht Jagd auf Ausländer, Flüchtlinge. Bengalos und Feuerwerkskörper werden gezündet. Gerüchte haben die Stimmung angeheizt, Menschen mit Migrationshintergrund hätten Frauen sexuell belästigt. Die Polizei hat die Situation falsch eingeschätzt und ist der Lage nicht gewachsen. Der 31-jährige Marcel, ein großer, breitschultriger Handwerker, sagt, er sei mit seiner Freundin beim Rückweg von einem Klub von zwei »Typen« angepöbelt und angespuckt worden, die »nicht ganz akzentfrei Deutsch gesprochen hätten«.[146] Er habe einen der beiden ins Gesicht geschlagen. Als die Polizei erschien, habe sie nicht Marcel, sondern den Verletzten festgenommen. Marcel hat das nicht gewundert. »Ich habe zwei Freunde bei der Polizei. Die Polizisten hier wissen halt, wie man mit so einer Situation umgeht.« Der Bürger Marcel geht offensichtlich von einer stillschweigenden Kumpanei der Polizei mit den Chemnitzern gegen Menschen mit Migrationshintergrund aus. Dass Neonazis erstarken, dass sie mancherorts immer deutlicher werden (Auftritt mit Nazigruß) und das öffentliche Bild zu bestimmen versuchen: Das kann ja niemand mehr übersehen. »Spiegel Online« zitiert eine Frau, 64 Jahre alt, der Sohn ist Altenpfleger. Während sie spricht, schaut sie auf eine Versammlung von Menschen, die sich gegen Rechtsradikale in Chemnitz richtet. Auch einige Männer aus Syrien stehen dabei.[147] Sie sei nicht damit einverstanden, dass so viele Ausländer kommen. Warum würden die Steuern, die sie zahlt, dafür ausgegeben? Die seien doch nur darauf aus, Fußballprofi oder Schlagersänger zu werden, aber würden sie aufgefordert, mal ein paar Bretter zu schleppen, würden sie Rückenschmerzen vorschieben. Der Anteil der Ausländer in Chemnitz ist vergleichsweise klein: 7,6 Prozent Ausländer, davon 2,41 Prozent Flüchtlinge. Sie fährt fort: Es gebe doch zwei Millionen Kinder in Deutschland, die in Armut lebten. Warum sich keiner um die kümmere? Die soziale Ungerechtigkeit in Deutschland empöre sie. Und sie wisse, dass sie selber eine kleine Rente haben werde.[148]

Es ist die bürgerliche Mitte, die so spricht, jedenfalls teilweise. Sie sieht den Zusammenhalt in der Gesell-

schaft durch die Ausländer und durch die soziale Ungerechtigkeit gefährdet. So gesehen hat sie recht: Die,
die da klagen und ihrem Ausländerhass frönen, sind
auch die Abgehängten und die von Marginalisierung
Bedrohten. Der Hass richtet sich nicht gegen die Profi-
teure der stattfindenden Umverteilung von unten nach
oben, sondern gegen die, denen es im Zweifelsfall noch
schlechter geht als ihnen selbst.[149] Das ist ein uraltes,
schreckliches Muster. Die Abneigung dessen, der noch
gerade seine Wohnung halten kann, gegen den schon
Obdachlosen ist groß, für die Wut auf den Reichen bleibt
da offenbar nichts übrig. Vorläufig jedenfalls. Vielleicht
muss man auch sehen, dass viele Bewohner der ehemaligen DDR deren Ende als einen Augenblick erfahren
haben, in dem sie alles, was es an Zusammenhalt gab,
verloren haben, zugunsten einer ersehnten Konsumgesellschaft, die dann aber auch ihre Individualisierung,
ihre Kälte und ihren Leistungsdruck über die Menschen
gestülpt hat.

Es ist – ironischerweise – ein Afrikaner, der den Finger in die Wunde legt und genau beschreibt, was da
passiert. Achille Mbembe, ein kritischer Philosoph aus
Kamerun, bringt es auf den Begriff: »Was wir erleben,
ist das Auseinanderbrechen von Kapitalismus und Demokratie – sie sind nicht länger vereinbar. Weil der
Kapitalismus praktisch alles zerstört, was Menschen
zusammenbringen kann. Er bringt sie nur noch in einer Sache zusammen: in der Ware, auf dem Markt. Er

zerstört jede Grundlage der Gemeinschaft, zersetzt den sozialen Körper und entfesselt ihn gegen sich selbst.«[150]

Die Menschen werden so mitleidslos gegen die »Fremden«, weil sie sich selbst als Menschen erfahren, denen Gerechtigkeit und Mitleid versagt wird. Das globale Auseinanderbrechen der Menschheit (ja, dieses große Wort ist hier notwendig) in Steinreiche und arme Schlucker zerstört die Demokratie, zerstört die Fähigkeit zur Empathie, zerstört die Gemeinschaft. Es bleiben Individuen, die begreifen sollen oder schon begriffen haben, dass sie selbst Schuld sind an der Misere, in der sie sich vorfinden. Ob der durch Gentrifizierung Vertriebene in München oder der Squatter in Indonesien, dessen Papphütte für ein neues Viertel von Baggern niedergewalzt wird.

Wie geht es weiter?

- Wenn der Zusammenhalt im Kleinen und im Großen nicht endgültig gefährdet werden soll, muss etwas gegen die Bedrohung der Gemeinschaft durch die neue Apartheid zwischen Arm und Reich geschehen. Ein globaler Bürgerkrieg droht, der lokal beginnt wie ein kleiner Waldbrand. Und ins Unendliche wachsen kann.
- Die Phantasie einer total kontrollierten und gemanagten Welt schließt den Niedergang des Menschen ein, der entweder zum Roboter im hektischen Marktgeschehen oder zum *trash*,

zum menschlichen Abfall, herabgewürdigt wird.

- Die Wiederbelebung oder Neuerfindung von Gemeinschaft muss sich jenseits der Waren- und Dienstleistungsgesellschaft ansiedeln. Zumindest in kritischer Distanz, weil die Wärme, die gebraucht wird, nicht aus dem Konsum oder dem Bedientwerden kommen kann.
- Auch der Mensch wird nur überleben, wenn er zu Natur, zu Umwelt, zu Flora und Fauna ein völlig neues solidarisches Verhalten entwickelt, das aus dem Anthropozän, der Alleinherrschaft des Menschen, herausführt.

Noch einmal Achille Mbembe, die Stimme aus Afrika: »Wenn immer mehr Menschen immer öfter die Erfahrung des Scheiterns machen und es keine Regierung, keinen Herrscher mehr gibt, sondern bloß noch die Macht der Strukturen, die dafür verantwortlich sind –, dann kann uns nur noch die Gemeinschaft helfen, die Menschlichkeit zu bewahren.«[151] Die Prozesse der Zerstörung der Gemeinschaft und des Zusammenhalts sind in dem, was wir Dritte Welt nennen, weit vorangeschritten. Aber immer noch blüht dort mehr an Zusammenhalt und gegenseitiger Unterstützung als bei uns. Und so könnten uns die Armen das bedrohte Lernfeld für Kohäsion sein. Nicht zuletzt, weil das Lernen, das bei uns den Jungen zugemutet wird, immer mehr auf die Anforderungen des Marktes verkürzt wird.

In diesem Buch wurde versucht, die schmalen Pfade, die in eine Rettung führen könnten, in Erinnerung zu rufen. Diese Pfade, auf denen man der Freundschaft begegnet, die einfach sind und die von kritischem Denken gesäumt sind: Sie werden von der Tugend der Selbstbegrenzung beschienen sein, oder es wird sie nicht geben. Diese Pfade laden zur Entdeckung ein.

Danksagung

Viele Menschen, Freunde und Fremde, habe ich gefragt: Was hält die Gesellschaft zusammen? Kluge, schräge, witzige und ernste Antworten habe ich gesammelt (Das Geld! Der Biertisch!). Unterstützung und Kritik habe ich von vielen Seiten bekommen. Zunächst danke ich der Edition Körber und hier vor allem Bernd Martin, dass mir die Möglichkeit gegeben wurde, mich an diesem schwierigen Thema zu versuchen. Ulrike Fritzsching hat das Manuskript mit geradezu beglückender Einfühlsamkeit lektoriert. Aenne Glienke hat für dieses Vorhaben die Wege gebahnt und mich beim Schreiben begleitet. Dafür danke ich sehr. Anne Zulauf hat wieder den Text gelesen, noch mal und noch mal, hat ihn kommentiert, Anregungen beigesteuert – es ginge gar nicht ohne ihre Hilfe. Und dann sind da die Freunde und Gefährten, die mir zugehört haben, mit mir diskutiert haben bei Kaffee oder Gummibärchen. Marianne Gronemeyer, Charlotte Jurk, Jonas Metzger, Michaela Fink, Richard Wagner. Und natürlich Andreas Heller, dem dieses Buch in einer Freundschaft gewidmet ist, die über Jahre gewachsen ist und blüht und blüht. Und es ist an dieser Stelle – mir persönlich unbekannt, in kalifornischer Ferne – Donna Haraway zu danken, deren Werke für mich nicht weniger als eine kopernikanische Wende in unserer Zeit sind, Gedanken, die meine Überlegungen beflügelt haben. Spreche ich von Donna Haraway, dann kann nicht übersehen werden, dass Ivan Illichs Denken dieses Buch wie ein Fluss durchzieht, auf dem das *Opusculum* wie eine kleine Nussschale schaukelt.

Anmerkungen

1 Platon: Sämtliche Werke, Band 1, Apologie, Reinbek 1957, S. 31 (eigene, paraphrasierende Übersetzung).

2 *Analyse verrät: Ötzi war so richtig am Ende,* in: Spiegel Online, http://www.spiegel.de/wissenschaft/mensch/oetzi-war-am-ende-das-zeigt-analyse-seiner-werkzeuge-a-1214001.html, zuletzt aufgerufen am 21.06.2018.

3 Harari, Yuval Noah: Homo Deus. Eine Geschichte von Morgen, München 2017, S. 64 f.

4 Diesen Hinweis verdanke ich Bernhard Heindl.

5 Vgl. den Artikel »Tugend« in: Ritter, Joachim und Gründer, Karlfried (Hrsg.): Historisches Lexikon der Philosophie, Basel 1998, Band 10, Spalte 1532 ff.

6 Der Begriff »Werte« kommt von der Börse und ist in der ethischen Debatte nicht älter als 120 Jahre. Er wanderte also aus der Ökonomie in die Ethik ein. Zu ihrem Nachteil. Heute hat der Begriff »Werte« den der »Tugenden« verdrängt. Zum Nachteil der Tugenden und der Welt. Nur um verständlich zu bleiben, lasse ich mich auf dieses Modewort ein. Verhängnisvoll bleibt, dass die Werte eine Messbarkeit suggerieren, die für die Tugenden nicht gilt.

7 Fromm, Erich: Die Seele des Menschen. Ihre Fähigkeit zum Guten und zum Bösen, München 2016, S. 170 f.

8 Müller-Jung, Joachim: *Wir befinden uns mitten in einem Albtraum. 75% weniger Insekten*, in: Frankfurter Allgemeine Zeitung, https://www.faz.net/aktuell/wissen/leben-gene/insektensterben-75-prozent-weniger-insekten-in-

deutschland-15250672.html, zuletzt aufgerufen am 18.10.2018.

9 Quelle: https://www.svz.de/14611491, zuletzt aufgerufen am 19. August 2016.

10 Zit. Böckelmann, Frank: Jargon der Weltoffenheit, Waltrop und Leipzig 2014, S. 44.

11 Kappel, Robert und Reisen, Helmut: *Sie müssen da weg*, in: Der Freitag , 05.07.2018. Vgl. dazu Gronemeyer, Marianne: Die Grenze. Was uns verbindet, indem es uns trennt, München 2018.

12 Ebd.

13 Kratsev, Ivan: Europadämmerung. Ein Essay, Berlin 2017, siehe auch Kappel/Reisen a.a.O.

14 Cornelia Stiehler im Interview mit Jana Hensel: *Viele fühlen sich heimatlos*, in: Die Zeit Online, https://www.zeit. de/2018/28/ostdeutschland-heimatlosigkeit-wende-mauerfall-biografien, zuletzt aufgerufen am 05.07.2018.

15 Lehmann, Christoph: Florilegium politicum. Politischer Blumengarten. Frankfurt 1630, https://reader.digitale-sammlungen.de/de/fs1/object/display/bsb10576402_00009. html, zuletzt aufgerufen am 29.01.2019.

16 Cayley, David: Ivan Illich in Conversation, Ontario 1992, S. 146 ff.

17 Ebd.

18 Ahrens, Jörn: Ambivalenz in der nicht mehr flüssigen Moderne. Zygmunt Baumans postmoderne Ethik, MS Gießen 2018.

19 Kling, Marc-Uwe: QualityLand, Berlin 2017, S. 175.

20 Ebd. S. 186 f.

21 Ebd. S. 187.

22 *Wie wir 2037 leben werden, eine Multimedia Story*, in: Spiegel Online, www.spiegel.de/wirtschaft/deutschland-in-der-zukunft-wie-wir-leben-werden-a-1183331.html, zuletzt aufgerufen am 12.01.2018.

23 Interview von Angela Gruber mit Katika Kühnreich, http://www.spiegel.de/netzwelt/netzpolitik/china-social-credit-system-ein-punktekonto-sie-alle-zu-kontrollieren-a-1185313. html, zuletzt abgerufen am 28.12.2017.

24 Kühnreich ebd.

25 Ebd.

26 Vgl. Lobo, Sascha: *Sprachsteuerung. Bequemlichkeit schlägt alles, sogar deutsche Bedenken*, http://www.spiegel.de/netzwelt/gadgets/sprachsteuerung im alltag-ohne-geht-es-nicht-mehr-kolumne-a-1187056.html, zuletzt aufgerufen am 18.10.2018.

27 Zitiert und kommentiert wird diese Zukunftsstudie von Jacques Ellul: The Technological Society, New York 1964, S. 428.

28 Pier Paolo Pasolini im Interview, 1975, zitiert in: Hamel, Christine: Venetien und Friaul, München 2009, S. 100.

29 Ellul a.a.O., S. 434.

30 Stein, Annett: *Neun von Zehn Paaren lassen bei Trisomie abtreiben*, in: Die Welt, 08.03.2015, https://www.welt.de/gesundheit/article138186630/Neun-von-zehn-Paaren-lassen-bei-Trisomie-abtreiben.html, zuletzt abgerufen am 18.10.2018.

31 Ellul a.a.O., S. 432.

32 Rushkoff, Douglas: *Nur die Reichsten überleben*, in: Süddeutsche Zeitung, 11.07.2018, S. 9.

33 Assistenzroboter sollen beim Waschen und Ankleiden eingesetzt werden. (Bayern setzt auf Assistenzroboter in der Pflege, siehe www.aerzteblatt.de, 19.07.2018.)

34 Studie des Robert-Koch-Instituts: Soziale Unterschiede in der Mortalität und Lebenserwartung, in: GBE Kompakt 2/2014.

35 Tophoven, Silke; Lietzmann, Thorsten; Reiter, Sabrina; Wenzig, Claudia: Armutsmuster in Kindheit und Jugend. Längsschnittbetrachtungen von Kinderarmut, Studie des Instituts für Arbeitsmarkt- und Berufsforschung IAB im Auftrag der Bertelsmann Stiftung, 2017, https://www.bertelsmann-stiftung.de/fileadmin/files/Projekte/Familie_und_Bildung/Studie_WB_Armutsmuster_in_Kindheit_und_Jugend_2017.pdf, zuletzt aufgerufen am 30.01.2019.

36 Vgl. Oxfam-Jahresbericht 2016/2017: Ein Wirtschaftssystem für die Superreichen, https://www.oxfam.de/system/files/20160118-wirtschaftssystem-superreiche.pdf, zuletzt aufgerufen am 30.01.2019.

37 Ebd.

38 Illich, Ivan: Schattenarbeit, in: derselbe: Vom Recht auf Gemeinheit, Reinbek 1982, S. 75.

39 Siehe Wikipedia unter Yggdrasil. Dort Literatur z. B.:
   MacCulloch, John Arnott: Eddic, in: The Mythology of all
   Races, New York 1964, Band 2, S. 334. Odin hängt sich am
   Weltenbaum auf, um das geheime Wissen bei den Wurzeln
   Yggdrasils zu erlangen. Durch Odins Opfer wird Yggdrasil
   zum Opferbaum.

40 Handwörterbuch des Aberglaubens, Band I, Berlin, New York
   1987, Spalte 955.

41 Florenski, Pawel: Konkrete Metaphysik, Dornach 2006,
   S. 59.

42 Ebd. S. 59.

43 Wieland, Christoph Martin: Aristipp, Zürich 1993,
   Kapitel 163.

44 Florenski, a.a.O., S. 60.

45 Florenski, a.a.O., S. 62.

46 Mahbubani, Kishore: Has the West Lost it?, London 2018.

47 Trojanow, Ilja: *Gibt es überflüssige Menschen?*, in: Der
   Standard, 27.10.2012, https://derstandard.at/1350259508913/
   Gibt-es-ueberfluessige-Menschen, zuletzt aufgerufen am
   30.01.2019.

48 Ebd.

49 https://de.statista.com/statistik/daten/studie/74795/umfrage/
   jugendarbeitslosigkeit-in-europa/, zuletzt aufgerufen am
   30.01.2019.

50 Mahbubani, a.a.O., S. 30.

51 Mahbubani, a.a.O., S. 10.

52 Norberg, Johan: *Why Can't We See That We're Living in a
   Golden Age?*, in: The Spectator, 19.08.2016.

53 Michel Foucault in einem Gespräch mit Bernard-Henri Lévy.
   Zitiert nach Chlada, Marvin: *Räume sind Träume*, in: Jungle
   World 2/2006. Diesen Hinweis verdanke ich einem Manu-
   skript von Julian Pörksen.

54 Im Galaterbrief, Kapitel 5, Vers 22.

55 Johannesevangelium 21,18.

56 Pierre Ricard über die Unterscheidung der Begriffe Empathie
   und Mitgefühl, siehe: https://info-buddhismus.de/Empathie-
   Mitgefuehl-Neurowissenschaft-Ricard-Singer-Altruismus.
   html, zuletzt aufgerufen am 30.01.2019

57 Illich, Ivan: In den Flüssen nördlich der Zukunft. Letzte

Gespräche über Religion und Gesellschaft mit David Cayley, München 2006, S. 253.

58 Drewermann, Eugen: Von Krieg zu Frieden, Ostfildern 2017, S. 364 f.

59 Illich, Ivan: Verlust von Welt und Fleisch, in: Jurk, Charlotte und Gronemeyer, Reimer (Hrsg.): Bodenlos. Vom Verschwinden des Verlässlichen, Frankfurt am Main 2011, S. 10.

60 Ebd., S. 12.

61 Ebd.

62 Groeneveld, Sigmar u.a.: Zur »Hebenhausener Erklärung«, in: Jurk, Charlotte und Gronemeyer, Reimer (Hrsg.), a.a.O., S. 14.

63 Den Hinweis auf diese Geschichte verdanke ich Hermann Engster: *Ich – eine Zwiebel. Überlegungen zu einer Allegorie in Henrik Ibsens Drama Peer Gynt,* in: Streifzüge Nr. 72, Frühling 2018, S. 13–15.

64 Ibsen, Henrik: Schauspiele, Stuttgart 1968, Übersetzung Christian Morgenstern. Zit. Engster, a.a.O., S. 13.

65 Vgl. Tsing, Anna Lowenhaupt: Der Pilz am Ende der Welt, Über das Leben in den Ruinen des Kapitalismus, Berlin 2018.

66 MacIntyre, Alasdair: Der Verlust der Tugend. Zur moralischen Krise der Gegenwart, erweiterte Neuausgabe, Frankfurt am Main 2006, S. 350.

67 Ebd., S. 350.

68 Robinson, Kim Stanley: 2312, München 2013, zit. Donna J. Haraway: Unruhig bleiben. Die Verwandtschaft der Arten im Chthuluzän, Frankfurt am Main 2018, S. 200.

69 Interview mit Jan Fleischhauer, in: Der Freitag, Nr. 22, 21.05.2018.

70 Shiva, Vandana: Leben ohne Erdöl: Eine Wirtschaft von unten gegen die Krise von oben, Zürich 2009.

71 Leakey, Richard E. und Lewin, Roger: Die sechste Auslöschung, Frankfurt am Main 1996. Die Erde hat in ihrer Geschichte Katastrophen erlebt, in denen bis zu 90 Prozent aller Tier- und Pflanzenarten vernichtet wurden. Während bisher Klimaveränderungen und Meteoriteneinschläge Auslöschungen nach sich zogen, ist die gegenwärtige, die sechste Katastrophe menschengemacht. Wenn der Homo

sapiens sich nicht eines Besseren besinne, so sagen der
Paläoanthropologe Richard Leakey und der Biochemiker
Roger Lewin, dann wird der Mensch den Weg der Dinosauri-
er gehen.

72 Tsing, Anna Lowenhaupt: Der Pilz am Ende der Welt, Über
das Leben in den Ruinen des Kapitalismus, Berlin 2018,
S. 7 ff.

73 Ebd.

74 Ebd.

75 Hier und im Folgenden beziehe ich mich vor allem auf
Le Guin, Ursula K.: Dancing at the Edge of the World, NYC
1997, sowie auf: Blumenberg, Hans: Höhlenausgänge,
Frankfurt am Main 1989.

76 Bei Le Guin a.a.O.

77 Ritter, Joachim und Gründer, Karlfried (Hrsg.): Historisches
Wörterbuch der Philosophie, Band 2, Basel 1972, Spalte 384.

78 2. Mose 3,2-8.

79 Ferstl; Ernst: Lebensspuren, Berlin 2002, S. 43.

80 Zitiert: Soltauer Denkzettel Nr. 7 vom April 2018 (»Gegen
Gleichgültigkeit und Verrohung«).

81 Ebd. S. 3.

82 Zitiert ebd. S. 3.

83 Anders, Günther: Lieben gestern. Notizen zur Geschichte des
Fühlens, München 1986, S. 9.

84 Anders, Günther: Die Antiquiertheit des Menschen, Erster
Band, München 1956.

85 www.epochtimes.de, zuletzt aufgerufen am 13.09.2017.

86 Brecht, Bertolt: »An die Nachgeborenen«, in: Svendborger
Gedichte, Die neue Weltbühne, 15. Juni 1939, Paris.

87 Siehe die Homepage: www.oeko-fair.de. Vgl. auch Wille,
Joachim: *Weiß, weich und gefährlich. Millionen Bauern leiden
unter dem Baumwollanbau – Erschreckend viele Selbsttötungen*,
in: Frankfurter Rundschau, 18.02.2015.

88 www.infosperber.ch, zuletzt aufgerufen am 22.02.2017.]

89 https://www.oxfam.de/ueber-uns/aktuelles/2015-12-17-
textilindustrie-myanmar-hungerloehne-kleidung, zuletzt
aufgerufen am 30.01.2019.

90 Florenski, Pawel: Eis und Algen. Brief aus dem Lager,
Dornach 2001, S. 256.

91 Ebd., S. 29.

92 Ebd., S. 254.

93 Tsing, Anna Lowenhaupt: Der Pilz am Ende der Welt. Über das Leben in den Ruinen des Kapitalismus, Berlin 2018, S. 14 f.

94 Bahring, Arnulf: Vom Gesellschaftsvertrag, in: Die Zeit Online, 21.11.2012.

95 Illich: In den Flüssen, a.a.O., S. 249.

96 Vgl. dazu Gronemeyer, Marianne: Die Grenze. Was uns verbindet, indem es uns trennt, München 2018.

97 Meldung verschiedener Presseagenturen im August 2018, z. B.: https://www.zeit.de/politik/ausland/2018-08/space-force-usa-weltraum-armee-mike-pence, zuletzt aufgerufen am 30.01.2019.

98 https://www.mccain.senate.gov/public/index.cfm/2018/8/president-trump-signs-into-law-the-john-s-mccain-national-defense-authorization-act-for-fiscal-year-2019

99 Ploppa, Hermann: *USA: Bürgerkrieg 2.0*, in: telepolis, 17.08.2017.

100 Žižek, Slavoj: Der Mut zur Hoffnungslosigkeit, Berlin 2015.

101 Ploppa, a.a.O.

102 El Akkad, Omar: American War, Frankfurt am Main 2017.

103 Theroux, Paul: Ein letztes Mal in Afrika, Hamburg 2017.

104 Ebd., S. 389.

105 Ebd., S. 390.

106 Saviano, Roberto und di Lorenzo, Giovanni: Erklär mir Italien, Köln 2017, S. 92.

107 Ebd., S. 95.

108 Agamben, Giorgio: Mittel ohne Zweck, 2. Auflage, Zürich, Berlin 2006, S. 15.

109 Baumann, Zygmunt: Leben in der flüchtigen Moderne, Frankfurt am Main 2007, S. 109.

110 So hat es Theodor W. Adorno formuliert in: Minima Moralia. Reflexionen aus dem beschädigten Leben, Frankfurt am Main 1985, S. 70.

111 Haraway, Donna J.: Unruhig bleiben, a.a.O., S. 10.

112 In: Giving we Receive: https://www.youtube.com/watch?v=GuTZUAIHKbo, zuletzt aufgerufen am 30.01.2019.

113 Illich, Ivan: Aufruf zur Feier, in: Illich, Ivan: Klarstellungen, München 1996, S. 153.

114 Tsing, Anna Lowenhaupt: Der Pilz am Ende der Welt. Über das Leben in den Ruinen des Kapitalismus, Berlin 2018, S. 8.

115 Spiegel Online am 04.07.2018 über einen 126-seitigen Bericht, der im Auftrag der UNO Menschenrechts-verletzungen in der Region untersucht hat.

116 Kling, Marc-Uwe: QualityLand, Berlin 2017. S. 175.

117 Vgl. Radisch, Iris: *Stadt der Morgenröte*, in: Die Zeit, 05.01.2011. Vgl. auch Hornschuh, Jürgen: Mach was!?, http://www.paxton.de/foryou/machwas.pdf, zuletzt aufgerufen am 30.01.2019.

118 Zit. bei Radisch, a.a.O.

119 Ebd.

120 Englisch: »Be grateful for all ordeals, they are the shortest way to the Divine.«

121 Schweitzer, Albert: Aus meiner Kindheit und Jugend, München 2015, S. 80.

122 Ebd., S. 82.

123 Die Redakteure Jochen Klingovsky und Jürgen Kemmner berichteten täglich aus Pyeongchang. Vgl. Bericht vom 08.02.2018: https://www.stuttgarter-nachrichten.de/inhalt.olympia-2018-die-videokolumne-betthupferl-aus-pyeong-chang-teil-1.6916f01d-06ff-445e-b1ce-12b195c17148.html, zuletzt aufgerufen am 30.01.2019.

124 Der Spiegel 50, 08.12.2014. Vgl. www.nolympia.de 2014/11 (28.11.2014).

125 https://www.musikexpress.de/millionen-projekte-was-aus-den-wm-stadien-in-brasilien-und-suedafrika-wurde-568839/, zuletzt aufgerufen am 30.01.2019.

126 Haraway, a.a.O., S. 214 f.

127 Huxley, Aldous: Schöne neue Welt, Frankfurt am Main 1978, S. 172

128 Huxley, ebd. S. 173. Vgl. Gronemeyer, Reimer: Friedensstarre, in: Gronemeyer, Marianne und Gronemeyer, Reimer (Hrsg.): Frieden vor Ort. Ausbrechen – verantwortlich werden, Frankfurt am Main 1982, S. 73–91.

129 Schlott, René und Leffers, Jochen: Getto Lodz. »Väter und

Mütter, gebt uns eure Kinder«, http://www.spiegel.de/
einestages/chaim-rumkowskis-rede-im-ghetto-lodz-gebt-
mir-eure-kinder-a-1189369.html, zuletzt aufgerufen am
30.01.2019.

130 Sendung des ZDF Magazins »Frontal 21« vom 21.09.2015.

131 Kirsch, Hans-Christian: Gewalt oder Gewaltlosigkeit,
Würzburg 1986, S. 361.

132 Illich, Ivan: Das Recht auf würdiges Schweigen, in: Gronemeyer, Marianne und Gronemeyer, Reimer (Hrsg.): Frieden
vor Ort. Ausbrechen – verantwortlich werden, Frankfurt am
Main 1982, S. 153.

133 Ebd., S. 155.

134 Zit. aus einer Rede von Eugen Drewermann, die er am
08.09.2017 in der Versöhnungskirche in Kaiserslautern im
Rahmen der Aktionswoche der Kampagne »Stopp Air Base
Ramstein« gehalten hat.

135 Bericht über die exklusive Studie in Spiegel Online
vom 24.08.2018: http://www.spiegel.de/wirtschaft/
soziales/deutschland-das-sind-die-szeneviertel-in-den-
grossstaedten-a-1223648.html, zuletzt aufgerufen am
30.01.2019.

136 Rheinische Post vom 30.01.2018.

137 Bauman, Zygmunt: Postmoderne Ethik, Hamburg 1995,
S. 121.

138 Ebd., S. 79.

139 Ebd., S. 57.

140 Ebd., S. 21.

141 Vgl. Ahrens, Jörn: Ambivalenz in der nicht mehr flüssigen
Moderne. Zygmunt Baumanns postmoderne Ethik heute.
Manuskript, Gießen 2018.

142 Ich beziehe mich im Folgenden auf einen unveröffentlichten
Aufsatz von Ivan Illich zum Thema »Wohnen«.

143 Auf dem Grünenparteitag, in: Spiegel Online, 27.01.2018.

144 Illich, Ivan: »Wohnen«, a.a.O., S. 4.

145 Illich, Ivan zitiert bei Paquot, Thierry: Ivan Illich. Denker
und Rebell, München 2017, S. 123.

146 Thelen, Raphael: *Wie die Polizei eine Stadt den Rechten über-
ließ*, in: Spiegel Online, 28.08.2018: http://www.spiegel.de/
politik/deutschland/chemnitz-wie-die-polizei-eine-stadt-den-

rechten-ueberliess-a-1225238.html, zuletzt aufgerufen am
30.01.2019.

147 Ebd.

148 Ebd.

149 Die Tendenz, sich aus Angst vor dem sozialen Abstieg mit
den Reichen und Herrschenden zu identifizieren und nicht
mit den Armen und Ausgebeuteten, belegt Christoph Butter-
wegge: Hartz IV und die Folgen: Auf dem Weg in eine andere
Republik, Weinheim 2018.

150 Interview mit Achille Mbembe: *Identitätspolitik ist Opium für
das Volk*, in: Augsburger Allgemeine, 10.05.2018.

151 Ebd.

Körber
Stiftung

Gesellschaft
besser machen

Mehr erfahren: www.koerber-stiftung.de
Mehr erleben: www.koerberforum.de
Mehr lesen: www.edition-koerber.de

Mehr Bäume.
Weniger CO$_2$.

www.cpibooks.de/klimaneutral

MIX

Papier aus verantwor-
tungsvollen Quellen

FSC® C083411